学級を最高のチームにする極意

一人残らず笑顔にする
学級開き

小学校〜中学校の完全シナリオ

赤坂 真二 編著

明治図書

まえがき

　これから船旅に出かけます。行き先は，夢の国。美しい景色，澄んだ空気の中で，人々はみんな笑顔，楽しいことが毎日たくさん起こる，そんなパラダイスへ旅立ちます。

　しかし，希望に胸を膨らませて船に乗り込んでみたら，乗組員は無愛想で不親切，おまけに，一緒に乗っているお客たちも知り合いとばかりこそこそと話をするだけで，自分には挨拶もしません。それでも船長がしっかりしていれば，と期待しましたが，言葉は丁寧だけど，目はうつろで自信がなさそう。さっき言ったことが，数分後に覆っています。乗組員やお客にちょっと何かを言われると，明らかに動揺を隠せない様子です。そのせいか，乗組員の動きは悪く，船内の清掃や修理も滞っています。床は汚れ，壁には穴が空き，海水がそこから入り込んでいるところもあります。エンジンが黒い煙を出してときどき止まるようで，そのたびに乗組員が「またかよ」といらつきを隠せない様子で修理をしています。

　この船での航海が，1年から2年続くとしたら，あなたはやはり旅に出かけますか。

　学級生活は，同じ船に乗り合わせたメンバーと旅をするようなものです。子どもたちは，新しい学級，仲間，教師にそれなりに期待をしていることでしょう。その旅の初日が，「学級開き」です。子どもたちの学校生活のほとんどは，授業時間です。しかし，いきなり授業で始まるわけではありません。

　新しい教室に入り，自分の座席を確認し，仲間と顔を合わせ，教師と出会います。つまり，学校生活の始まりは出会いの連続なのです。新しい時間の始まりは，教師だって不安を感じるのですから，子どもたちはなおさらのことです。学級生活の行く末がパラダイスのような夢の時間だとわかっていたら，子どもたちは出会いの不安を乗り越えることができるかもしれません。しかし，子どもたちのすべてが，これから始まる時間に明るい期待だけをも

っているとは考えにくいです。また，子どもたちは，常に現在に生きる人たちです。彼らにとっては，明日よりも今が大事なのです。

　子どもたちは，これから始まる時間への期待から今を見ているのではなく，今この瞬間から未来を見据えるのです。つまり，今この瞬間が心地よかったら，未来は明るいだろうと予想するだろうし，今この瞬間が不快だったら，暗い未来を予想するでしょう。

　だから，「学級開き」はこれから始まる学校生活の性格をある程度決めるとても大事なイベントだと言えます。「学級づくりは最初が勝負」などと言われます。「学級開き」は，その最初の扉を開ける作業です。是非とも，子どもたちに明るい未来を予見させる時間にしていただきたいと思います。

　本書は，学級づくりのスペシャリストたちに「学級開き」の考え方や成功のための方法論を示してもらいました。この16人は，自身の学級で質の高い実践を積み重ねる一方で，大学院で専門的に学級づくりを研究したり，各地でセミナーを開いたり，講師を務めたりなどして，精力的な学びと発信を続けている実力者ばかりです。小学校低学年から，中学校まで多様な発達段階のニーズに応えることができるだろうと思います。また，各執筆者の実践に共通する考え方や方法が読み取れるだろうと思います。それがまさに，「学級開き」成功の極意です。

　各実践を忠実に再現するもよし，ある部分を選択的に活用するもよし，また，本書の考え方を共有し，読者が「これだったら私はもっとよい方法がある」と独自の方法で子どもたちと出会うならばなおいいでしょう。いずれの使い方をするにせよ，本書がみなさんと子どもたちの素敵な出会いの一助となることを編著者として願っております。

赤坂　真二

まえがき 3

第1章 学級開きに外せないツボ ～笑顔で包み込む1年の始まりを演出する～ 9

「一人残らず笑顔にする学級開き 完全シナリオ」の使い方

※第2章以降の実践編は,下記の項目を中心にまとめています。

❶学級開きの意味と大切にしていること
　▶執筆者の先生が大切にしていることを公開！ポイントがわかります。

❷学級開き　完全シナリオ
　▶❶を実現する学級開きシナリオ！具体的に入れていますので,参考になるところがありましたら使ってください！

❸指導のポイント
　▶❷を実践するための指導ポイントです。児童生徒の反応などエピソードも添えました。

第2章 一人残らず笑顔にする学級開き　小学校低学年　完全シナリオ 21

1 安心感でスタート　1年生の学級開き　22
　1　学級開きで大切にしていること　22
　2　1年生の学級開き　出会いの入学式　完全シナリオ　23
　3　学級開き　出会いから1週間　27
　4　笑顔と勇気づけで　29

2 笑顔がこぼれる学級開き 31
- 1 学級開きで最も大事なこと 31
- 2 笑顔がこぼれる学級開き 完全シナリオ 32
- 3 愛情と厳しさを伝える 36

3 目指す学級をつくる第一歩 37
- 1 学級づくりの第一歩 37
- 2 安心感優先の学級開き 完全シナリオ 39
- 3 何のための学級開きですか 43

4 オープンハートで，子どもとつながる学級開きを！ 45
- 1 子どもの心をグッと引き寄せる！ 45
- 2 子どもとつながる学級開き 完全シナリオ 47
- 3 オープンハートで，互いの心を合わせられる学級開きを！ 52

第3章 一人残らず笑顔にする学級開き 小学校中学年 【完全シナリオ】 53

1 ほめること，三つの印象を与えることで伸びる学級を開く 54
- 1 「三つの印象」を与える 54
- 2 私の学級開き 完全シナリオ 55
- 3 学級開きの「底」に流れ続けるもの 58
- 4 「本番」を迎えるに当たって 60
- 5 リンクさせる 61

2 育てたい子どもの姿を明らかにしてのぞむ学級開き 62
- 1 私にとって学級開きとは 62
- 2 育てたい子どもの姿を意識した学級開き 完全シナリオ 64
- 3 学級開きのポイント 70

3 子どもに希望と安心感を　そして先生とのつながりを 71
- 1 学級づくりは船旅のイメージで 71
- 2 航海準備と航海初日まで 完全シナリオ 73

3　学級開きの成功とは　77

4　楽しく明るい雰囲気で希望をもたせる学級開きをしよう！　79
　　1　学級開きの力と役割　79
　　2　希望をもたせる学級開き　完全シナリオ　80
　　3　指導のポイント　学級開きは担任からのメッセージ　85

第4章　一人残らず笑顔にする学級開き　小学校高学年
完全シナリオ　87

1　学級開きはテイクオフへの滑走路～ここだけ絶対外せない3要素～　88
　　1　私にとって学級開きとは　88
　　2　安心感と楽しさを伝える学級開き　完全シナリオ　90
　　3　指導のポイント　ダメなことはきちんと叱るルール　95

2　子どもが「希望」をもてる学級開き　96
　　1　学級開きで大切な視点　96
　　2　子どもが希望をもてる学級開き　完全シナリオ　97
　　3　成長しようとする雰囲気づくりを　103

3　とにかく「楽しい！」と思える1日目を　104
　　1　学級開きの失敗と今，大切にしていること　104
　　2　楽しい！と思える学級開き　完全シナリオ　106
　　3　指導のポイント　自分に合ったネタを　110

4　学級開きは「期待感」を高めることに徹底する　113
　　1　期待感を高める　113
　　2　期待感を高める学級開き　完全シナリオ　115
　　3　時間は与えられるものじゃない，つくるものだ　120

第5章　一人残らず笑顔にする学級開き　中学校
完全シナリオ　121

1　笑顔と安心で学級開き◎!!　122

1　私にとって学級開きとは…　122
　　2　笑顔と安心で学級開き　完全シナリオ　124
　　3　指導のポイント　成功のために絶対に外してはいけないこと　129
② 「愛と誠」で信頼関係をつくる　130
　　1　学級開きにおいて大切にしていること　130
　　2　「愛と誠」で信頼関係をつくる学級開き　完全シナリオ　132
　　3　すべての場面で教師の愛と誠が溢れる学級開きを　136
③ 筋書きをつぶされた学級開き　138
　　1　忘れられない学級開き　1時間目　138
　　2　安心感と世論の形成　141
　　3　A君のこと　2時間目　142
　　4　学級開きに込めた意図　143
　　5　私の「普通」の学級開き　144
④ 誰にとっても居心地がよいクラスに　146
　　1　学級開きにおいて大切にしていること　146
　　2　信頼と結びつきを生む学級開き　完全シナリオ　148
　　3　指導のポイント　成功のために絶対に外してはいけないこと　152

あとがき　155

第1章

学級開きに外せないツボ

～笑顔で包み込む 1年の始まりを演出する～

学級開きに外せないツボ

1 教育実習の栄光

実は,私,教育実習で

| 伝説の実習生 |

でした。

　これは実習校の指導教官だった複数の先生からお聞きしたので,事実のようです。当時,私の子どもたちへの挨拶がとても印象的だったと職員室で話題となるとともに,それからも数年の間,実習の時期になるとそのエピソードが実習生に語られたそうです。

　私は何をしたのでしょうか。

　もう,30年近く前の話になります。少し昔話におつきあいください。

　大学３年次の小学校における教育実習で,私は実習生の代表に選ばれました。実習校は,出身大学の附属小学校でした。配属が決まると,私たちは強いプレッシャーに包まれました。附属小は地域の折り紙付きの指導力をもった先生方が集められていたとのことでした。指導の厳しさは,「他校とは比べものにならない」との評判でした。しかし,それよりも,私たちを恐れさせたのは,子どもたちでした。附属小学校は,今もそうだと思いますが,毎年何人もの実習生を迎えています。

　子どもたちは,一般の学校と違って,「若い」というだけで,肯定的な評価をしてくれるわけではありません。非常に厳しく実習生を見つめているという噂でした。本当かどうかは別として,つまらない授業をする実習生は「相手にされない」との話も耳にしました。

その目の肥えた子どもたちや先生方を目の前にして、代表の私は、初日に挨拶をしなくてはなりません。実習が近づくと、頭は初日の挨拶のことで一杯になりました。緊張がピークに達した私は、もう、万策尽きた感がありました。原稿を書こうとすると、
　「ぼくたちは、先生の卵です。これから２週間、みんなと仲良く…」といった、無難な社交辞令とも呼べる言葉しか思い付きませんでした。

　「こんな、教師の卵に、気の利いた挨拶なんて期待しないでほしい！」
と怒りに似た感情が湧いてきたその時です。
　「教師の卵⁉　これだ！」
と脳天に稲妻が落ちたように閃きました。私は、夜中に冷蔵庫に向かって走り、そして、生卵を一つ取り出しました。フォークでその先端をコンコンと突き、小さな穴を空けました。その穴にストローを突き刺し、中身を吸い出しました。中身が空になった卵を割れないように、小さな箱にしまって鞄に入れました。
　次の日、私たちは実習校の体育館で、先生方と子どもたちに対面しました。目の前には、500人近くの子どもたちと厳しい表情の先生方が並び、私の後ろには50人近くの実習生がいました。私は震える指でマイクのスイッチを入れてこう言いました。詳細は忘れましたが、大筋で次のようなことを言いました。

> みなさん、これから２週間よろしくお願いします。みんなと遊び、授業しながら、先生になるための勉強をしたいと思います。ぼくたちは、先生の卵です。２週間後には、立派な翼が生えるように頑張ります。

と言って、ブレザーのポケットに入れておいた殻だけになった卵を出しまし

た。割れていなかったことにほっとしましたが，体育館中から，「おお～」というどよめきと笑いが起こったことを覚えています。それから数日間，廊下で子どもたちとすれ違うと，「卵さん」とか「卵先生」と声をかけられました。「挨拶がとてもよかった」との職員室での評判は，指導教官からすぐに伝えられました。

　しかし，私の幸福感は，そう長くは続きませんでした。さらなる試練が，2週間後に訪れました。初日にあれだけの高評価を得てしまいました。最終日には，子どもたちや先生方の期待は高まっていました。前日に，先生方からは「明日，何するの？」「楽しみにしているよ」と声をかけられ，実習生仲間からも「頼むぜ」と余計なプレッシャーをかけられました。

　前日までは授業で一杯一杯でしたが，最後の授業が終わると，もう頭の中は最終日の挨拶のことで埋め尽くされました。そして，必死に初日の挨拶を思い出しては，「なんであんなことしたんだろう…」と，初日の自分を恨めしく思ったのでした。

　その時の挨拶を何度もつぶやいては，「どうしよう」とため息をつきました。

　「卵…卵…2週間後…翼，翼，つ，ば，さ…？　こ，これだ！」

　すぐに部屋にあったマジックペンと画用紙とはさみを取り出しました。

　次の日，初日と同じように子どもたちの前に立ちました。しかし，2週間前とは明らかに「空気」が違っていました。子どもたちと実習生の関係ができているからです。多くの子どもたちが親しみの込もった目で実習生を見つめていました。先生方もそうです。初日の厳しい表情から，教え子を見るようなあたたかい眼差しに変わっていました。

　それでも私は緊張感を全身にまといながら話し出しました。

　みなさん，2週間本当にありがとうございました。みなさんとの時間は忘れられないものになりました。2週間前，私たちがここに立った時は，私たちは卵でした。しかし，今日，その卵を見たら，こんなふうになっていました。

そこまで言うとごそごそとポケットから，卵の殻を出しました。やはり，前日の夜中に，中身を吸い出したものですが，今度は，半分くらい欠けさせておきました。それに気付くと子どもたちも先生方も笑顔になりました。

その笑顔を見ながら，私は，会場に向かって言いました。

「見てください！」

上着を脱いで，背中を向けました。朝，実習生の控え室で仲間に背中に貼りつけてもらった画用紙に描いた羽を見せたのです。会場に歓声と拍手が起こりました。

私のあだ名は，「卵先生」から「ひよこ先生」になりました。

そして，伝説の実習生が誕生しました。

2 新採用の挫折

私が，苦し紛れでやったことは，「ショー＆テル」と呼ばれる，見せて話すプレゼンテーションの基礎技能だったわけです。今となっては当たり前の教育技術ですが，当時はまだ珍しかったようです。私は，ここである認識をします。しかし，この成功体験によって得た認識が後の私を苦しめます。

| 出会いに笑いとインパクトを |

この快感を得た２年後に，採用され初めて自分が担任する子どもたちに出会いました。

新任式の日に，少しでも対面の時を印象的なものにしようと，目一杯準備して教室に入りました。テンション高く教室に入り，自分の名前を力強く黒板に書き，ギターを弾きながら歌い，ハンドスプリングという体操の技まで披露しました。子どもたちは笑顔を向けたり，拍手をしてくれたように記憶

しています。その日の評判は上々で、4月後半から行われた家庭訪問では、「始業式の日は、『楽しそうな先生だ』と喜んで帰ってきた」と多くの家庭で言われました。ガッツポーズをして帰ってきた子もいたそうです。

しかし、私の学級の雰囲気が停滞するまでには、そう時間はかかりませんでした。子どもが喜びそうなネタを用意した日は、子どもたちはそれなりに喜びましたが、「通常の授業」をすると子どもたちは、つまらなそうにしていました。そんな様子を見て、子どもたちにハッパをかけたり、注意したりすることが多くなっていきました。そうこうしているうちに授業がうまくいかなくなり、子ども同士のトラブルも増えていきました。

一体、何がいけなかったのでしょうか。

3 出会いの日に必要なもの

学級がうまくいかなくなったのは、もちろん、出会いの日だけに理由があるとは思えません。その後の小さなことのズレが大きなひずみになったのだろうと思われます。しかし、出会いの日からそれが始まっていたことは間違いないでしょう。私は、優先順位を間違っていました。次の図をご覧ください。これは、教師の指導性と子どもの自由度を観点とした、学級の成長段階です[*1]。

縦軸は、教師の指導性です。また、横軸は、子どもの自由度です。第1段階の学級は、教師が指導性を十分に発揮していない状態、または、発揮できない状態です。子どもたちも互いに知らない状態だったり、教師がどのような指導をするのかがわからない状態だったりするので、自由に振る舞えない状態です。

したがって、この段階は、教師の指導性も低く、子どもたちの自由度も低い段階で、緊張感が高い状態だと想定されます。もちろん、持ち上がりの場合で教師も子どもたちもメンバーが替わらずに、スタートする場合もあります。その場合は含みません。あくまでも、学級編制替え後の子ども集団と新

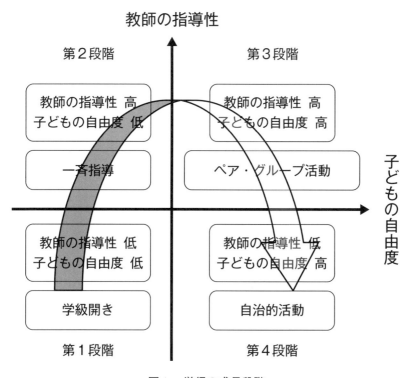

図1　学級の成長段階

しい教師が出会った場合や，学級編制替えがなく，担任が代わった場合です。

　第1段階から抜け出すためには，教師の指導性を上げていくことが必要です。教師の指導性を上げるのは，学級内の安心や安全を確保するためです。子どもたちの自由度が上がるとかかわりが増えるのでトラブルも起こります。しかし，教師の指導性が保障されないままに，子ども同士の自由度を上げてしまうと，子ども同士のトラブルが起こった時に，歯止めが効かなくなる可能性があります。

　スポーツの試合を考えてみてください。審判の力が弱い状態で，正常な試合が成り立つでしょうか。

> 正常な試合は，審判の指導力や抑止力がきちんと機能した状態で実現できる

のです。だから，まずは，教師の指導性を高めて，トラブルや心配事があってもこの先生のもとならば，なんとかなるという安心感があり，安全が保障される状態をつくり出す必要があります。

ここでは詳細に述べることはできませんが，集団づくりの最終段階の自治的段階までいくには，トラブルが必要なのです。

> 子どもたちが自らの手で葛藤状況を乗り越えるためには，その前段階で，教師のお膳立てでトラブルを解決するという体験が必要

なのです。その時に，指導性の低い教師は，子ども同士のトラブルの仲裁や調停ができないのです。強い審判がいるから試合が正常に進行するように，子どもたちが適切な方法と方向性でトラブルを解決するためには，教師の高い指導性が必要なのです。

それでは，第1段階を抜け出すために必要な教師の指導性を上げるために，教師は何をしたらよいのでしょうか。それを明らかにすることで，出会いの日に必要なことが見えてくるでしょう。

実は，図1にそのヒントを見ることができます。

出会いの教師のリーダーシップ

学級集団がまとまるためには，子ども同士のかかわりが必要です。子ども同士がかかわるために必要なのは，教師の高い指導性だと言いました。

> 教師の高い指導性が，何を生み出しているかというと，それは安心感

です。子どもたちは，安心感が確保できた時に，子どもたち同士でかかわることができます。「いや，子どもたちは自分たちでかかわっていますよ」と

言いたくなるでしょうが,よく見てみてください。子どもたちがかかわっているのは,私的な仲良しグループです。言い換えれば,気の合う仲間です。気の合う仲間は,努力しなくてもつながれる人たちです。しかし,

> 学級がまとまるためには,気の合う人たち以外の人たちとつながることが必要

なのです。それは子どもたちにとって新しい行動ですから,チャレンジです。

> チャレンジするには,安心感が必要

なのです。
　では,教師の指導性を支えるものはなんなのでしょうか。指導性が高い状態とは,指導が入る状態のことです。指導が入るということは,つまり,言っていることが伝わるということです。言葉が入ると言ってもいいかもしれません。言葉を入れることができる人とはどんな人なのでしょうか。それは,

> 信頼できる人

です。
　信頼できる人と,信頼できない人を一人ずつ思い浮かべてみてください。それぞれの人があなたに何かを教えたとします。どちらの言葉が,すんなり入ってきますか。前者の言葉の方ではありませんか。この,信頼できる人をもっとわかりやすく言えば「好きな人」です。好きな人の言葉が入りやすいということに余計な説明はいらないでしょう。
　では,子どもたちはというよりも,私たちはどんな人を信頼し,どんな人を好きになるのでしょうか。信頼するということや好きになるということは,相手の存在にかかわっていくということです。相手の存在にかかわることもチャレンジすることです。安心できる人は,そうではない人に比べ,相手のチャレンジを引き出す可能性を高めます。そう,人を信頼したり,好きになったりする時にも,安心感が必要です。つまり,私たちは,

> 安心できる人を信頼し，好きになる

のです。もちろんこれがすべてだと言いませんが，欠かせない要件だと言えるでしょう。図1は，安心感の高まりが，次の段階に学級を進めるという構造になっています。つまり，

> 第1段階を抜け出すために必要なのは，まずは，教師そのものへの安心感

なのです。出会いの日に必要なリーダーシップは，子どもたちを安心させること，そしてその前提として，教師自身が安心できる存在であることを示すことなのです。

5　人気教師への勘違いに陥ることなかれ

　若き日の私は，そのことが全くわかっていなかったのです。面白いことをやれば子どもたちにウケると思っていた，ウケることをやれば子どもたちに支持されると思っていたのです。そして，それが人気のある教師への最善の方法だと思っていました。

　ネタをもっていること，面白いことができること，パフォーマンスができることは大事です。できないよりできた方がいいのです。しかし，それが何よりも大事だと思い込んでしまうと，若き日の私が陥った罠にはまることになります。

　新採用の私の学級開きは，自分の持ちネタ披露会でした。つまり，子どもたちの前で，三流の芸人をやっていたのです。大して質の高くない芸を次々と披露して，子どもたちに

「オモシロイ人だ，次は何をやってくれるのだろう」

と期待させました。これには，ある程度成功しました。しかし，そのネタはいつまでも続きません。それにネタばかりやっているわけにはいきません。むしろネタ以外のことをたくさんやらなくてはなりませんでした。子どもた

ちは，３日もしないうちにすぐに気付いたでしょう。
「初日ほど，オモシロクナイ…」
　テストでいい点数をとったらゲームを買ってあげるほめ方は，すぐに破綻を来します。子どもたちはより高度なご褒美を要求するようになり，ご褒美がない，期待したほどではない，とわかるや否や勉強しなくなります。新採用の私は，出会った初日に教育者としては破壊的とも言える構造を，学級経営にもち込んでしまったのです。

> 学級開きで外してはいけないツボは，安心感をもたせること

です。ネタなどは，控え目でいいのです。それらは，ちょっと学級の空気をあたためる程度でいいのです。最優先事項は，

> 教師自身が安心できる存在であることを示すこと

です。ネタ，パフォーマンス，笑い，子どもたちを引きつけるグッズなどはそのための道具です。第２章から述べられる実践の数々は，安心感の創出のバリエーションと言っていいでしょう。教室に安心感が満たされた時，それは，子どもたち一人一人の笑顔として表出されることでしょう。さあ，本書の実践例を参考にして，安心感に満ちた学級開きを演出してみてください。

　　　　　　　　　　　　　　　　　　　　　　　　　　　（赤坂　真二）

【参考文献】
＊１　赤坂真二『スペシャリスト直伝！　学級を最高のチームにする極意』明治図書，2013

第2章

一人残らず笑顔にする学級開き
小学校低学年

完全シナリオ

安心感でスタート 1年生の学級開き

1 学級開きで大切にしていること

　学級担任にとって学級開きとは，子どもと出会う時，そして関係づくりが始まる時です。お互いに期待と緊張をもって過ごす「黄金」とも言える時間でしょう。

　「学級崩壊」という言葉が聞かれるようになった直後に採用された私は，新採用時から「学級を崩壊させてはならない。そのためには最初の3日間が肝心だ」と考えていました。関連する書籍をとにかく読み，先輩のしていることを聞きながら，ルールの定着，生活や授業のシステムづくりを全力で行わねばならないという「ねば」意識を強くもっていました。集めた資料をノートに貼り，どんなルールにするか，システムをどうするかを考え，必死に準備をしました。そして3日間だけはなんとか頑張りきり，4日目以降が続かない…ということもありました。

　今でも学級開きとその準備が大切であることに変わりはありません。しかし，ルール，システムをつくるための考え方が加わりました。それは，この時期に大切なことは，次です。

> まずは「安心感」をもたせること

　最も大切だと思っていた細かいシステムやルールをつくり，それを守り切らせる前に，子どもが「この先生，いいな」「この先生とならやっていけそうだ」という感情をもつことが必要だと思うようになったのです。

　それはある年，子どもが，担任に対する好意を感じないうちは，何を言っても指導が届かず，その後の学校生活へのやる気を引き出すことは難しいこ

とを経験したためです。特に学校を異動した年などは，「この先生はどんな人かな？」と思う子，「怖いのかな，優しいのかな」と見る子が多いでしょう。学級開きの日から3日に限らず，しかしなるべく早いうちに自分のキャラクターを生かして子どもに「この先生，いいな」「今年も頑張るぞ」という気持ちをもたせたいものです。

　また，1年生であれば，「小学校って楽しそうだな」「保育園の先生と似ているな，よかった」という安心感をもたせることが必要だと思います。

　そのために，最初の頃は特に次のことを意識しています。

①笑顔でいる　　②個別のかかわり

　笑顔でいることで，まずは，「大丈夫だよ」という安心感をもたせたいと思っています。安心することで子どもは「頑張ろう」という気持ちになれると思うからです。そして，低学年にとっては，わかりやすいかかわりが必要だと思い，1日のうちのどこかで一人一人とかかわることを意識しています。例えば，名前を呼ぶ，おしゃべり，握手，ハイタッチ，頭をなでるなどその子に合わせた個別のかかわりを何らかの形で行います。

2　1年生の学級開き　出会いの入学式

　私が1年生を担任した際に行った学級開きを下記に紹介します。1年生は小学校生活をスタートさせる大事な1年間となります。入学式の日の学級活動の時間は次のように進めました。この時の勤務校は，入学式の前に教室で子どもと保護者を迎え，入学式まで一緒に過ごす時間がありました。

(1)　入学式前

　およそ30分くらいの間に次々保護者と1年生がやってきます。教室でランドセルをロッカーにしまい，保護者は控室へ移動します。子どもたちが全員揃ったことを確認した後，話しました。

> もうすぐ入学式が始まります。入学式では，（指をさしながら）近藤先生が，みなさんの名前を順番に呼びます。名前を呼ばれたら，元気に「はいっ」と言ってその場に立ちましょう。ちょっと練習してみますよ。○○さん…

　ここでは，「はい」と言えただけで大いにほめたいものです。できれば全員に返事をする練習をさせたいと思い，目を合わせ，笑顔でほめながら名簿の最後の子まで行いました。

> また，入学式の途中で「1年生のみなさんは立ちましょう」と言われることがあります。そうしたらみんなですっと立ってください。やってみましょう。

　1年生は，「みなさん」が自分のことだと思わない子もいます。ですから，事前に教え，練習をしておきます。それでも遅れたり，できなくてもそこは1年生。それはそれでかわいらしいものです。

> これから6年生が体育館へつれていってくれます。近藤先生が呼ぶ順番に廊下に並びましょう。並んだら6年生と手をつなぎましょう。

　この時，6年生には事前にペアになる1年生を教えて練習をしておきました。念には念を入れ，名簿と名札を確認しながら順番通りに並ばせ，待機します。

(2) **入学式**

　いよいよ入学式です。6年生が入場させてくれるので私は先に式場に入り，笑顔で1年生を迎えました。
　入学式の最大の山場は，呼名です。これまで育ててきた保護者にとって，我が子が小学校に入学するというのは特別な日です。呼び間違い，漏れのないようにしなければなりません。事前に呼名用の名簿を準備し，振り仮名をふり，練習をしておくとよいと思います。当日は，背筋を伸ばし，はっきりと呼名します。

呼名，祝辞，歓迎の言葉などが終わると，退場です。退場は，担任が先導することになっていました。笑顔でゆっくりとにこやかに歩きます。

(3) 入学後

教室に戻ると第一声はこれです。まずは，頑張りをねぎらいます。

> みなさん，よく頑張りましたね。ドキドキした人？　疲れた人？
> トイレに行きたい人はいませんか。

支援員さんにお願いし，トイレに行かせました。トイレに行かない子とおしゃべりをしたり，緊張をほぐすために手遊びをしたりしているうちに子どもが戻ってき，保護者が続々と教室に入ってきます。

① 入学おめでとうクイズ

> １年生のみなさん，入学おめでとうございます。入学式では，長い時間，座ってお話が聞けて素晴らしかったです。かっこよかったですよ。

この時，「ありがとうございます」が言えたら大いにほめます。

> 先生は，みなさんに会えるのをずっと楽しみにしていました。楽しみで楽しみで昨日は眠れませんでした。会えてうれしいです。

ここではとにかく「学校に来てくれてありがとう。会えたことがうれしい」という気持ちを伝え勇気づけます。もちろん笑顔で。

> これからみなさんにクイズを二つ出します。第１問　みなさんは何という学校に入学したのでしょう？　第２問　わかったら黙って手を挙げましょう。先生の名前は何と言うでしょう？　※黙って挙手した子を指名。

ここでは緊張をほぐすことと，子どもとの関係をつくることをねらって行いました。誰でも答えられるようなクイズにし，声を出したり，一緒に喜ん

だりできるようにします。担任の名前については，入学式前にさっと話しただけでしたので，「もう，覚えてくれたんだね。うれしいな」と喜びます。また，「そう思っていた人？」と聞くことで挙手を促し，手の挙げ方を「かっこいい！　さすが１年生」と声をかけ，勇気づけることもできます。

② 　担任の名前紹介

> 先生の名前は…（写真を貼ったカードを見せながら）こんにゃくの**こん**，ドーナツの**ど**，うさぎの**う**，**かお**，りんごの**り**　**こんどうかおり**です。みなさんで「こんどうかおり先生」って呼んでください。

覚えられるようにと写真とイラストのカードを見せながらゆっくり文字を板書しました。

　　こん　　　　　ど　　　　　う　　　　かお　　　　　り

最後に子どもたちから名前を呼んでもらい，「はいっ」と元気に返事をしました。その後，「学校で何か困ったなと思うことがあったら，近藤先生って呼んでお話してくださいね」と言いました。

出会いの日は，小学校での不安を取り除く言葉かけを行いたいものです。

③ 　握手でコミュニケーション

その後，名前を呼んで，一人一人の座席に行き，握手をしました。名前を呼ぶことは関係づくりを始める第一歩だと考えています。

しかし，人数にもよると思います。30名をこえた時は，帰りに教室の出入口で握手をして「さようなら」をした年もありました。出会いである入学式の日に何らかの形で，一人一人と触れ合える時間が取れるとよいと考えています。

④ 保護者へのご挨拶

　教室後方にずらりと並ぶ保護者とビデオの数々…。緊張のため後ろの保護者はできるだけ見ないようにしていたのですが，最後はご挨拶に行きます。内容としては，お祝い，自己紹介，担任としての決意です。この年は，「子どもたちが小学校は楽しい」と思えるような学級をつくりたいという考えを次のように話しました。

> 　本日は，お子さまのご入学おめでとうございます。ご縁があり，1年生を担任させていただくことになりました近藤佳織と申します（この後，自己紹介を少ししました）。
> 　1年生は小学校生活の始まりでとても大切な学年です。それだけに身の引き締まる思いがしていますが，とにかく学校は楽しいところだとみんなが思えるような学級づくりを目指して精一杯取り組んでいきたいと思います。ご心配なことがありましたらいつでも気軽にご連絡ください。
> 　保護者の方々には，いろいろとご協力いただくことも多いと思いますが，よろしくお願いいたします。本日，たしかにお子様をお預かりいたしました。

　初任校では，記念写真を撮る準備ができるまでの間，子どもたちを教室で待たせておく，ということもありました。1年4組担任だった私は，読み聞かせる本，紙芝居，手が入る人形，手遊びをいくつかできるように準備をしておきました。どんなことを行ってもよいと思います。
　大切なことは，入学式の日，つまり学級開きの初日は，「楽しかったな。明日も早く学校に行きたいな」と思わせることにあります。そのような活動ができれば，1年生の学級開きは成功だと言えるのではないでしょうか。

3　学級開き　出会いから1週間

　出会いの入学式翌日からは，保護者なしで子どもが教室に来ます。2日以降，とにかく心がけたいことはこれです。

教室で笑顔で子どもを迎えること

　勤務校までの通勤距離，家庭の事情…いろいろな事情はあると思いますが，1年生を担任した最初の1週間は，教室で，笑顔で子どもを迎えることが大事であると考えます。「教室に先生がいる」「先生が笑って待っている」それが子どもの安心感につながるからです。

　2日目は，まず，朝来たら何をするかということを教えます。

>　「おはよう！　ランドセルを下ろして。ランドセルのカバーを外してね。中のお勉強道具を全部出して，青いひき出しにしまおうね。その後，ランドセルの中に，カバーと帽子を入れましょう。そして，ランドセルは，後ろのロッカーにしまいましょう。上着は廊下の雨具かけにかけて…」

　文字にするとこのようになるでしょうか…。なんとたくさんの指示でしょう。これらの一連の「朝の支度」を，イラストや写真で，見てわかるように示しておくことが大切だと思います。簡単な板書もしますが，文字が読めない子もいますので，見てわかるものの方が確実です。学校によっては，6年生が手伝いに来てくれる学校もあります。その際，6年生には，「1年生がいずれ自分でできるような手伝いをお願いね」と話しておきます。

　2日目は学校生活に関することから順に時間のある限り，指導をしていきます。

- ・朝の支度
- ・返事の仕方（昨日の復習）→健康観察
- ・トイレの場所と使い方
- ・水飲み場の使い方と場所
- ・帰りの支度
- ・下校時の並び方
- ・名前と好きなもの紹介

教わること，覚えることばかりでは子どもたちは息苦しさを感じてしまうかもしれません。そこで，２日目は，ひらがなフラッシュカード，ことわざカード，じゃんけん列車，手遊びなど学習に近いけれど楽しめることをバランスよく取り入れ，活動を切り替え，いくつかを組み合わせて行います。

・学校探検
・学校の決まり
・学習のルール　引き出しの入れ方　鉛筆の持ち方　初めての名前書き
・教科書の折り目付け，持ち方
・給食準備，給食のきまり
・清掃指導

　上記のようなことを学校に応じて少しずつ繰り返し指導していきます。最初からうまくできない子もいます。取り組もうとしたら「お！　いいね」取り組んだら「頑張ったね」と勇気づけます。１年生の学級開きは，マメに声をかけ，「楽しいな」「新しいことを勉強したぞ」「頑張るぞ」という気持ちを育てることが大切だと考えています。

4　笑顔と勇気づけで

　１年生を始め，低学年の学級開きやその指導のコツは

教えて，やらせて，ほめる

です。言葉だけでなく，見てわかるように工夫して教え，実際にやらせてみて，できたらほめる，この繰り返しです。
　そのために，どんな環境を整え，どのような指示をしたらよいかを考え，選択するとよいのではないでしょうか。
　入学時の子どものきらきらした目や意欲には感動を覚えます。それを支え，持続させるためには，担任の笑顔と勇気づけこそがカギだと思っています。

学習でも活動でもそれがうまく機能するためには，教師と子どもの関係性が重要です。それを学級開きでまずつくります。
　そして，徐々にハードルを上げた課題を出し，「できるかな？」「これは２年生レベルだからちょっと難しいんだよね」などと言ってプライドをくすぐり，あおるのも効果的です。子どもたちは今の自分たちより少しレベルの高いことや課題に挑戦することに意欲を出すことも往々にして見られます。そこをくすぐり，投げかけ，できたら大いにほめたいものです。
　パスティックを開けた瞬間に「わ〜，全部新しい！」白い模造紙を黒板に貼っただけで「何それ？　大きい！」の声。１年生の学級開きは特別です。存在そのもののかわいらしさも素直な反応もその後の伸びも。
　安心感から学級づくりをスタートしませんか。

（近藤　佳織）

2 笑顔がこぼれる学級開き

1 学級開きで最も大事なこと

　学級開きで最も大事なこと――それは，子どもたちに安心感を与えることです。但し，手品をしたり，面白いパフォーマンスをしたりして笑わせ，
「面白い先生でよかった。この先生となら，1年間楽しくやっていけそうだ」
という安心のさせ方ではありません。

> ・教室に秩序があること
> ・先生が，一人一人を大事にしてくれること
> ・先生が，子どもの頑張りに気付き認めてくれること

を実感させることによって教師を信頼し，安心させるというやり方です。
　ところで，私はよくこんなことを言われます。
「初めはものすごく怖い先生だと思いました」
　入学式直後に，真後ろに私がいることを知らなかった保護者が
「担任，怖すぎない？」
と会話しているのを聞いたこともあります。
　しかし本当の私は，友達性の強い，ゆるい人間です。女性で背が高くないという見た目の理由もあり，素のままで子どもに接すると，「何だか面白そうな先生」を通り越し，何をしても笑って許してくれるフラットな先生と見られがちです。それを凌駕できる父性やリーダー性があれば「強み」になるのでしょうが，生憎，私はそのどちらももち合わせていません。初日から「楽しさ」を全面に出せば，私の指導はたちまち通らなくなるかもしれませ

ん。よって，初日は，ちょっとまじめな雰囲気で，以下の三つの活動を盛り込みます。

《始業式に絶対行う三つの活動》
・全員の名前を呼ぶ
・全員のよさを伝える
・規律とマナーを指導する

2 笑顔がこぼれる学級開き

(1) 全員の名前を呼ぶ

始業式終了後，教室に戻ります。全員が着席したら，一人一人の顔を見渡します。口角を上げながら，しかし凛とした空気をまとったままこう言います。

> 始業式では大変お行儀よくお話を聞くことができました。さすが２年生ですね。みなさんのかっこいい姿を見せてくれてありがとう。感動しました。

１年生から２年生に進級するということは，子どもにとって望外の喜びです。今まで一番下だったのが，「お兄さん」「お姉さん」になるのですから。どの子も，１年生の時よりもっと頑張りたいと張り切っています。２年生になった自分に期待しています。その意欲や期待を肯定し，自信につなげるという意味でも，始業式でのよさを一つでも多く見つけ，言葉で伝えたいものです。まずは全体を。そして，次に個人を。

個人をほめるには，誰が誰なのかを知っておく必要があります。ですから，始業式までに写真と名簿で全員の顔と名前をすべて覚えておきます。見取りのためだけではなく，

「今日会ったばかりなのにどうして私のこと知っているの!?」

という，うれしいサプライズにもつながります。

> まさはる君とゆたか君、あすみさんは、背中がびしっと伸びていましたね。しんじ君とはなさん、けいた君とさえさんは校長先生の目を見てお話が聞けました。あきと君とともみさん、ひでき君、こういち君、よういち君、けんじ君、みゆさんはすごく丁寧にお辞儀ができたし、大きな口を開けて校歌を歌えたのは、さきさん、ゆうさん、けんしん君、しゅうた君、ふうた君ですね。

　一人一人と目線を合わせながら、全員の名前を挙げて伝えます。「全員」というのがかなり重要で、一人も欠けてはいけません。一人残らず名前を出すことは、「先生は一人一人を漏れなく見ている」「先生は一人一人を、あるいは、自分のことを大事にしてくれている」というメッセージを伝えることと同じです。子どもは「見守られている」と感じ、安心します。

　始業式には名簿を持って臨みます。予めほめる観点を決めておき、名簿に「礼」「背中」「歌」等思いつくだけのキーワードを書き込んでおきます。子どもの動きを細分化して観点を洗い出します。全員を違う視点でほめることはほぼ不可能なので、目についたよさは片っ端から書きこんでいきます。観点以外のよさを見つけた時は、キーワードで書きこんでいきます。

　次に、順番をばらばらにした「うのひろえ」の文字を、黒板に貼り、自己紹介をします。

> 　今日から2年4組の担任になりました「えのろうひ」です。よろしくお願いいたします。

　あまりおおげさな表情はせず、どちらかというとまじめな顔で自己紹介をします。2年生からは
　「ええ～!?　違うよ～!　間違っているよ～」
等と突っ込みが入ります。
　「え？　何がですか？」
とまじめにとぼけます。2年生は間違い探しが大好きです。あまりにもわざとらしい間違いではあ

りますが，喜んでミスを指摘します。
「どこが違いますか？」
と尋ねると，全部違うよ，と返ってきます。そこで，
「一番初めの文字がわかる人？」
と尋ねます。大抵の場合，物凄い勢いで「はい！」「はいっ！」と前のめりで手を挙げます。そこでこのように話します。

> 「はいっ，はいっ！」という声が騒がしくて，一生懸命考えられないお友達もいます。手を挙げる時は，静かに手を挙げましょう。

　発言権は誰にでも平等にあります。目立つ子，声の大きい子だけのものではありません。どの子の存在も同じ大きさなのです。ですから，ここで大声を出せば発言できると学習させてはいけません。その思いを込めながら，再度，
「一番初めの文字が言える人？」
と尋ねます。今度は黙って手を挙げます。万が一声を出して挙手する子がいても，指名しません。手をまっすぐ挙げ，目線を教師にしっかり向けている子を指名します。

> まさはる君は，指の先までまっすぐ指が伸びています。目に力がこもっていて，しっかり先生と目が合います。一生懸命話そうとする気持ちが伝わってきます。

　挙手，発言のマナーをここで教えてしまいます。できるならば，大人しくてまじめな子を指名します。まじめな子は緊張しやすく，必要以上に失敗を恐れる傾向があります。ですから，敢えて発言させてよさをほめ，自信をもたせて安心感につなげます。名前を呼ばれた時に返事をした，目を見て発表していた，みんなに聞こえる声で話せた，など，些細なことでいいのです。
　一例として「発表」の場面だけを再現しましたが，時間があれば，文字を子どもに貼り替えさせるのも一つです。そうすると，立ち方や椅子のしまい

方，歩き方などをほめるチャンスになります。ほめて認めて安心感を与える効果と，公の場での振る舞い方のモデルを見せるという二つの効果があります。

(2) **自分の名前を探せ**

黒板に，次のように板書します。

○まわり　みたいに　元気です

「丸の中にひらがなを一つだけ入れて，意味が通じる文にしましょう」と言って，全員に考えさせます。短時間考えさせた後，列指名します。この時も，指名されたら返事をする，「です」を付けて発表する，みんなに聞こえる声で話す，話し手を見ること等を指導します。できている子は大いにほめます。続けて，次のように板書します。

○マンチックで ○プロンが　よくにあう人

「この丸にもひらがなを一文字入れます。「ろ」と「え」です（○に記入）。○の文字だけつなげて読むと，ある人の名前になります。誰だかわかりますか」

軽く声を拾った後，「ひろえ」が答えであることを確認します。こういう文字遊びのことを折り句ということを教えた後，全員分の名前折り句が書かれたプリントを配布します。

○じめで
○わやか
○っきり　おへんじ
○ールをまもる　すてきな子

○しるのが　はやくて
○かずに　がんばる 　　たくましい子

このプリントの中には，全員の名前があること，自分の折り句を探すこと

を伝えながら，動きを板書します。

> ①　見つける　→　まるに　もじを　かく。
> ②　ほかのもんだいにも　チャレンジ。
> ③　となりの人が　こまっていたら　いっしょにかんがえる。

　まずは自分の力でやってみること，どうしてもわからなかったら，そっと手を挙げ教師が行くまで待つことを伝えます。隣の子に助けてもらうのもよしとしますが，まずは自分でチャレンジすることが大事だと話します。
　２年生にはやや難しい問題ではありますが，自分の名前があるということで，子どもたちは張り切って探します。やみくもに探すのではなく，最初に名前の文字数を確認するのがコツ。全員の名前が探せたところで，次のように話します。

> 　春休みの間，先生は全員の名前を見ながら折り句を考えました。みなさんの名前は，どれも素敵な名前です。きっと，付けた人が一生懸命考えたり願いを込めたりしたのでしょう。名前は一人に一つずつ。命も一人に一つずつ。ですから，名前も命も大事にしなくてはなりません。名前をばかにしたり，お友達を叩いたりけっ飛ばしたりしてはいけません。絶対に許しません。

3　愛情と厳しさを伝える

　一人一人のよさを伝える前半では，凛としていて柔らかな指導を，後半は低めの落ち着いた声で，一人一人と目を合わせながら厳しい指導をします。前半との落差があるから，後半のからかいや暴力は許さないという強いメッセージが際立ちます。
　一人一人が大事だからこそ，人を傷つける行為は許さないという，愛情の中にある厳しさ，厳しさの根底にある愛情を学級開きで伝えたいものです。

（宇野　弘恵）

3 目指す学級をつくる第一歩

1 学級づくりの第一歩

(1) 願いを明確にもっていますか

　初任者の私は２年生の担任となりました。学級開きという言葉も知らず，何となく子どもたちの前に立ち，「髙橋健一です。けんけんと呼んでください」と，学生のノリで自己紹介をしました。正直，それ以外に何か特別なことをしたかと言われると記憶にありません。それだけ学級開きに無頓着だったということです。子どもからも保護者からも「けんけん」と呼ばれ，友達のような担任になりました。子どもに嫌われたくないという思いから，遠慮があったのだと思います。私は，なかなか指導を通すことができませんでした。授業中でも騒がしい状態になり，指示が伝わらない，子どもたち同士のトラブルが日常的に絶えない等，学級として少しずつうまく機能しない状態に陥っていきました。それでも，休み時間には，子どもたちと遊んでいたからでしょうか。若いというだけで，子どもたちは私を好いてくれました。子どもたちに甘え，保護者に甘え，学ぼうとしなかった自分を複雑な思いで振り返るばかりです。自戒の念を込めて…初任者だから，若いから，という言い訳は通用しないのです。初任者の私にとって，学級開きで足りなかったものは何でしょうか。

> 子どもたち（学級）をどのように育てたいか

　願いを明確にもつことです。もしも願いがあるならば（私にはありませんでしたが…），意図的に子どもたちと共有することが大切です。なぜなら，担任と子どもたちは，学級づくりをする運命共同体だからです。

(2) どのような学級開きを選びますか

　それから10年が経ち，11年目にして初めて１年生を担任しています。この間に，小学校１年生から６年生の学級開きを経験することができました。

　自分なりの学級開きの流れが，読者の皆様にもあるのではありませんか。ただ，発達段階によって，どのような学級開きをするのかを選ぶ必要があると，この10年間で学ぶことができました。王道はないと考えます。

　今回，１年生の学級開きをどうするかが，低学年を担任するのが２回目である私の課題でした。中・高学年の子どもたちと低学年の子どもたちは大きく違います。同じ低学年でも２年生と１年生は，次の点で決定的に違います。

小学校生活を経験したことがあるかどうか

　小学校入学に向けて，保育園や幼稚園での事前準備がされてきたとは思いますが，子どもたちにとって環境の変化は想像以上に大きなハードルです。初めてのことだらけなのですから，緊張感は十分だと思いますので，１年生の学級開きで，担任が意識してつくり出していく必要があるのは「安心感」です。

　安心感にこだわったのには，もう一つ理由があります。

どんなタイプの教師だと思われているか

　私の場合，性別は男です。前年度は６年生担任であり，体育主任でもありましたので，全校を前にして指導することが多くありました。どちらかと言えば「高学年向きの教師」という印象が独り歩きしていたと思います。「髙橋が１年生を担任するイメージができない」と周りの人たちは思っていたようです。卒業生たちは「髙橋先生が１年生を担任して大丈夫かなぁ。１年生が泣いちゃうかもね」と心配してくれたほどです。自然と緊張感を醸し出してしまっていたのでしょう。そのことを踏まえて，１年生の前に立つのです。どのようなことを心がけなくてはいけないかを想像してみてください。

2 安心感優先の学級開き

完全シナリオ

　1年生では，最初の1週間に小学校生活に必要となる基本的なスキル（例…トイレの使い方，鉛筆の持ち方，箸の持ち方，保健室の利用など数十項目）を指導します（※基本的なスキルの指導は，他書に詳しく載っていますので，ここでは割愛します）。それらを指導しながら学級開きを行っていくわけです。指導する機会が自然と多くなりますので，教室には緊張感が張り詰めます。だからこそ，安心感を意識してつくり出しましょう。実際の1年生の学級開きを(1)出会いの日には　(2)出会いの日まで　(3)出会いの日からに分けて紹介します。

(1) 出会いの日には
① 心からの笑顔

　教員生活で初めての1年生担任です。期待感と緊張感の入り混じった出会いの日です。ピカピカの1年生との対面は，入学式でした。私は，どんな顔をしていたでしょうか。後日，ある保護者から，こんな話がありました。臨場感を出すために，話し言葉のまま書かせていただきます。

> 　髙橋先生，聞いてぇ。入学式でビデオを撮っていたのね。何かわからないんだけど，画面に数字が映っててね。髙橋先生に向けると100％になるの。校長先生に向けると70％とかになるのね。不思議に思ってたんだけど，家で説明書を見てみたらさぁ。笑顔に反応してたみたいなの。髙橋先生，本当に笑顔だったんだろうね。

　1年生を担任できることが心からうれしかったこともあると思いますが，自分の担任する子どもたちのかわいらしさに自然と笑顔になっていたのだと思います。スマイルショットという機能で100％のお墨付きですので，客観的に見ても心からの笑顔だったと言えるでしょう。

② 相棒と一緒

　教室に戻る前に，トイレに立ち寄りました。入学式で緊張した子どももいたことでしょう。まずは，子どもたちも私もホッと一息です。
　子どもたちが全員，教室に入ってきたら，担任の自己紹介タイムです。

> 　入学式，とてもよく頑張りましたね。素敵でしたよ。さすが！　ピカピカの１年生ですね。髙橋健一先生は，ずっと前からみんなに会えるのを楽しみにしていました。今日，やっと会えてうれしいです。

　ゆっくりと一人一人を見ながら話しました。子どもたちも保護者も，まだ少し緊張しているようでした。そこで，相棒の登場です。

> 　実は，みんなに会えるのを楽しみにしていたのは，髙橋先生だけではありません。じゃ～ん！　彼もみんなに会うのを楽しみにしていたんですよ。

　そう言って，皇帝ペンギンのぬいぐるみを見せました。少し笑顔になった子どもたちから，「ペンギンだ」「ぬいぐるみじゃん…」との声が。

> 　ぬいぐるみでは，ありません。彼は，先生の奥さんのペットでペンキチと言います。お腹の辺りが，髙橋先生に似ていると思いませんか…（笑）。名前も先生に似ているんですよ。健一（けんいち）とペンキチ。ほらね。

　相棒の登場に，教室の緊張感が少しずつほぐれ始めました。

> 　ところで，先生の名前を覚えていますか。髙橋健一先生ですよ。決して，髙橋ペンキチ先生ではありませんからね。私は，健一。彼は，ペンキチ。

　ここで，子どもたちも保護者も笑顔になりました。

③ 願いを込めた活動

　みんなが笑顔になったところで，保護者に向けて担任の願いを語りました。

> 本日は，お子様のご入学，おめでとうございます。1年生担任の髙橋健一と申します。子どもたちに会える日を心待ちにしていました。一人一人の子どもたちと一緒に成長していきたいと思います。そのために次の二点に，特に力を入れていきます。一つ目は，わかりやすい授業です。二つ目は，たくさんのかかわりです。小学校生活を楽しむ中で，仲間っていいなと思えるように指導していきます。

　仲間っていいなと思える学級を担任の願いとして伝えましたが，それを表す活動として，子どもたち全員でくす箱を割りました。ひもを全員で持って，私の掛け声に合わせて，「3，2，1，パ～ン」という具合です。その中には，「ごにゅうがく，おめでとうございます。ミスターXより」とあります。

> 1年生のみなさん，一緒に読んでみましょう。読めるかな？　せ～の。

　一生懸命にミスターXからのメッセージを読む子どもたち。「ミスターX？」「誰？」という反応が，とてもかわいかったです。こうして，初めての協同作業をすることができました。
　出会いの日には，配り物など事務的なことも行います。限られた時間しかありません。その中でも，ワクワク感をつくり出す仕掛けを考えましょう。

(2) 出会いの日まで
① 想像を膨らませて

　出会いまでに子どもの顔と名前が一致するようにすることは大切だと言われます。それは，なぜでしょうか。もちろん，出会いの日に呼名するでしょうし，その時に名簿を見ないで言えた方がいいという考えもあるでしょう。しかし，私はもっと深い意味があると実感しました。

担任する子どもたちへの愛着を強くするため

　出会いまでに，顔と名前が一致するまで呼んでみたり，書いてみたりする

こと，家族構成からどんな子どもかを想像することは，これから担任する子どもたちへの愛着を強くします。入学式で，私が心からの笑顔でいられた理由はここにあります。

② ペンキチより

子どもたちにとって，初めて入る1年生教室は，保護者と一緒でも緊張感が溢れる場所ではないでしょうか。入学式前には担任の発表がされていないので，私の学校では1年生担任が子どもたちを教室で迎えることはできません。その代わりと言っては何なのですが，机の引き出しの中にメッセージカードを入れておきました。「にゅうがく，おめでとうございます。ペンキチより」

1年生教室の緊張感を少しでもほぐすため

メッセージを見て，子どもたちも保護者も喜んでいたようです。まだ，ペンキチの紹介はしていないわけですが，入学を喜んでいる存在がいることが伝わり，出会いの布石を打つこともできました。ちなみに，出会いの日からは，誕生日を祝うメッセージがペンキチから届くシステムになっています。

(3) 出会いの日から

① まとって待とう

朝は必ず被り物や着ぐるみをまとって，教室で子どもたちを待っています。ペンギン，コアラ，カエル，ヒヨコなどの被り物で待ったり，犬の着ぐるみで待ったり，朝から子どもたちとは楽しく出会いたいと思っています。1年生ですので動物のお世話をしながらでも，被り物は欠かしません。被り物の上にお化けやリボンのカチューシャをすることもお薦めです。子どもから，「髙橋先生，お化けが付いているよ」と言われても，「どこにいるの？ 先生には見えないなあ」などととぼけて，子どもも私も互いに笑顔になる瞬間があります。もちろん，1学期間ずっと続けてきましたので，マンネリ化は否

めませんが，それでも続けることで，朝の出会いに笑顔が生まれています。

> マンネリ化を越えて取り組みを継続する大切さ

　子どもたちの中には，継続したことしか残らないと思います。マンネリ化を感じて止めてしまうのは簡単です。そんな時こそ，取り組みの意味を捉え直す機会です。マンネリ化は，ちょっとした発想の転換で解消されるものです。

② ミスターXより

　月曜日から金曜日に，子どもたち一人一人のいいところを記録していきます。
　それを週末にカードに書き写し，週明けに教室に置いておきます。最初の頃は，教師が見つけて「何かあるぞ。ミスターXよりだって」と驚きます。次の週明けからは，子どもたちが「先生，ミスターXからのメッセージがあったよ」と，ニコニコしながら見つけてきてくれます。教師が一人一人に読み聞かせながら渡します。

> 自分や友達のいいところに目を向ける大切さ

　いいところに目を向ける癖がつくと，子ども同士の関係もよくなり，安心感につながります。ミスターXが担任であることは秘密です。ただ，ミスターXからのメッセージをもらう時の，子どもたちのうれしそうな顔は何とも言えません。それがモデルとなったのか，7月から始めた子どもたち同士のいいところ探しの活動では，具体的なことをしっかりと見て書いていました。

3 何のための学級開きですか

(1) 学級開きの捉え方

　初任者の頃の学級開きのエピソードと，10年後の学級開きのエピソードを

紹介しました。初任者の頃は無策でしたが、3年目くらいからは、何とか学級崩壊しないための学級開きと捉えていたように思います。確かに、そういう面も意識する必要があると思います。ただ、今の私は、子どもたちと一緒に目指す学級をつくる第一歩としての学級開きと捉えています。目の前の子どもたちと一緒にどんな学級をつくることができるかを楽しめるようになりました。

| 子どもたちと一緒に学級づくりを楽しもう |

　安心感があるから挑戦する意欲が湧くのだと思います。安心感があるから、成功も失敗も学びにできます。安心感は担任の姿勢から醸し出されます。

(2)　1年生が教えてくれたこと
　私は当初、「黄金の3日間」や「3, 7, 30の法則」に当てはめて、学級開きをしようと試みました。しかし、担任の思い通りにはいかないというのが、私の実感です。また、目指す学級像を見据えて必要な学びを積み重ねていければ、焦る必要はないのではないかと思うようになりました。
　マス目黒板に「あ」と書いただけで、「上手～」と言って全員で拍手をしてくれる子どもたち。国語で学ぶことを発問した時、話すと言ってほしくて、「聞くの反対は？」と言うと、かわいく首をかしげながら「くき～？」と答えてくれる子どもたち。その素直な反応に感動してしまいます。

| 子どもたちとのやりとりから学んでいこう |

　小学校教育の原点を子どもたちと一緒に学んでいきましょう。

（髙橋　健一）

4 オープンハートで，子どもとつながる学級開きを！

1 子どもの心をグッと引き寄せる！

　4月の最初の日は，子どもたちは前年度の心をリセットして，今年1年頑張ろう！と，やる気いっぱい・期待感いっぱいで登校します。

　この日だけは，先生をじっと見て素直に話を聞いてくれるので，子どもたちの心にスーッと先生の願いがしみこんでいきます。先生と子どもが最もつながりやすく，互いの心の距離をグッと近づけることができるでしょう。

　この出会いこそが，1年間の学級経営を左右します。その成功のカギを握っているのが，学級開きです。

　私は学級開きで，子どもたちに二つの期待感をもたせたいと思います。

・この先生なら，今年は大きく成長できそうだ。
・この先生のクラスは，楽しそうだ。

　そのために，ワクワクした出会いを演出し，子どもたちとの信頼関係を結ぶことに全力を尽くします。そこで，「ワクワク感の出会いを演出」「1年間の所信表明」「簡単エクササイズ」を行います。

(1) **ワクワク感の出会いを演出**
　～「この先生，誰？」から「この先生面白そう！」へ～

　低学年の子どもたちは，担任の先生が交替するということをなかなか理解できず，新しい担任を「この先生，一体誰？」と思うことでしょう。そこで，チャンスです。普段よりもちょっと笑顔で，出会いの第一印象をよくしたいと思います。そして，「みんなと会えてうれしいよ」「今年1年間，一緒に頑

張ろう」というメッセージを伝え，子どもたちと楽しい時間を過ごします。子どもたちの緊張を解きほぐし，リラックスさせるために，ここではクイズを目一杯，一緒に楽しむことがポイントです。「この先生は一緒に楽しんでくれるんだ」と安心感をもたせ，スムーズに人間関係を築いていくことをねらいとします。

　この後は，一人一人の子どもの名前を呼び，返事をしてもらい，教師と子ども1対1の関係づくりを図ります。

(2) 1年間の所信表明

　この時間が最も大切です。少し子どもたちとの関係づくりができたところで「学校は勉強をするところ。全員で賢くなろう」，「学校は仲良くすることを学ぶところ」と，短く話をします。そして，「クラス全員で」頑張ることを強調して語ります。また，全員で頑張っていくためには，学級の全員が同じベクトルを向くように，ルールが必要なことを伝え，先生が叱る時の原則を話します。

> ・自分の命にかかわる危ないことをした時
> ・友達の体や心をわざと傷つけようとする時
> ・3回注意しても直そうと努力しない時

　これらのことをしなければ，叱らないと約束します。同時に，先生は「自他の命を大切にする子ども」「成長しようと努力する子ども」に育ってほしいと，教育観をわかりやすく伝えます。

(3) 簡単エクササイズ

　低学年の子どもたちは理論理屈ではなく，体験的な活動を通して学びを深める発達段階にあります。そこで，「全員と仲良くなれるゲームをします」と言って，簡単な2人組でできる，簡単エクササイズをして盛り上がります（例：「ねことねずみ」など）。準備物もなく，お手本のペア一組に例示させ

れば，どの子どももすぐに理解して，楽しめるゲームをします。

　そして1日の最後には，一人一人と握手をして，挨拶をして下校させます。

　ゲームや握手を通して，「このクラスの友達や先生となら，1年間うまくやっていけそうだな」と，体験から感じさせたいと思います。

2　子どもとつながる学級開き

(1)　折り句と手形で子どもたちを迎える

　新年度を迎え，子どもたちは新鮮な気持ちで新しい教室に入ることでしょう。その時を，ドキドキワクワクしたメッセージを黒板に書いて迎えてあげたいものです。私は実物大の手をなぞった手形と「進級おめでとう！」のメッセージで子どもたちを迎えます。

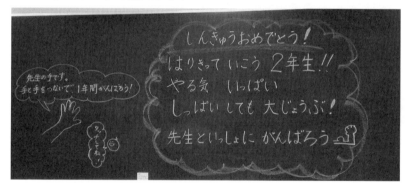

①　実物大の教師の手でワクワク感を出す

　「先生の手です。手と手をつないで，1年間がんばろう！」「タッチしてね！」と，黒板にメッセージを書いておきます。黒板の手形と自分の手形を合わせて，楽しみながらワクワクしている子どもや，まだ出会っていない担任が誰なのかを知りたくて，ドキドキする子どももいることでしょう。まだ教室に担任がいなくても，黒板のメッセージでワクワク感を演出します。

② 折り句で温かいメッセージを伝える
　「進級おめでとう！」のメッセージを折り句にして書き，子どもたちを迎えます。「みんなと１年間，一緒に頑張りたい」という教師の願いを，子どもたちが受け取ることができるように，丁寧な字で書きます。

(2) 笑顔満開・ほめ言葉で第一印象をアップ！
　私たちは初めて会う人に対して，「優しそうな人」「楽しそうな人」などの印象を一瞬のうちに感じます。およそ15秒で人の第一印象は決まると言われています。そのうち，視覚からの情報は約８割で，とても重要だそうです。新任式を終え，教室に入るその瞬間がまさに教師の第一印象を決める時です。親近感が湧くような笑顔で子どもたちと出会いたいものです。

> （満面の笑みで，元気よく呼びかける）
> 「みなさーーん，おはようございまーす！」
> （子どもたちが「おはようございます」と，挨拶を返してくれたら，子どもたちをほめる）
> 「元気な挨拶ができましたね。先生，うれしくなりました！　もう一度挨拶してもいいですか？　おはようございます‼」
> （子どもたちが「おはようございます」と返答する）
> 「挨拶が上手なお友達がたくさんいて，とってもうれしいです」

　初対面の子どもたちは，教師に対して期待感と不安感で一杯ですので，笑顔満開で教室に入ります。そして，子どもの姿をたくさんほめて，「林先生は，楽しそうだな」という第一印象をもたせたいと思います。教師の表情の明るさやほめ言葉が，子どもの警戒心や身構えていた心を解きほぐしてくれると思います。

(3) 黒板の手形と自分の手を合わせた子どもに素直に感動する
　黒板に書いた手形と自分の手形を合わせていた子どもがいたら，素直にう

れしいです。
　簡単な自己紹介をした後に，この素直な気持ちを子どもたちに伝え，自己開示をします。

> 　私は，林紀予子といいます。今年はみなさんと一緒に１年間頑張ります。よろしくお願いします。
> 　ところで，みなさん。もう黒板に描いてある先生の手形と自分の手を合わせてくれましたか？　手形に合わせてくれた友達はどれくらいいますか？　手を挙げてください（手形と合わせてくれた子どもを確認して）。
> 　もう，黒板の先生の手と自分の手をつないでくれた友達がこんなにたくさんいるのですね。先生の目を見て，しっかり聞いてくれている友達が多かったのは，もう先生の心がつながっているお友達が多かったからですね。先生と一緒に１年間頑張ろうと思ってくれている友達が，こんなにたくさんいてうれしいです。

　教師が自分の感情を素直に伝えると，子どもたちも，思っていることを話しやすくなるそうです。感情をありのままに出せる人間関係を構築していきたいので，教師から自己開示するよう心がけます。

(4) 折り句クイズで自己紹介

　徐々に，教師の人となりがわかってくると，子どもたちも安心してくるでしょう。そこで，子どもたちとクイズで楽しむ時間を設定します。

> 　それから，黒板のメッセージは読んでくれましたか？
> 　では，全員で一緒に元気に読んでみましょう。さんハイ！
> 『はりきっていこう２年生‼
> やる気いっぱい

① 折り句全文を読む

しっぱいしても大じょうぶ！
先生といっしょにがんばろう！』

「元気がいいな～，みんな！」とつぶやきます。

そして，読んでいる時に「あれっ!?」という表情をした子どもがいると思います。そこで，クイズを出します。「あれ，何か気付いた人もいるようですね。実は，この文の中に，先生が特に伝えたいメッセージがかくされています。さて，そのメッセージは何でしょう」と文章の一部ずつ消していき，数回折り句を読みます。

② 徐々に消しながら読む

③ クイズの答えを読む

隠されたメッセージに気付いた子どもは，「先生わかった，わかった～！」と大はしゃぎをするでしょう。その時にすかさず，「いやー，このクラスは天才さんたちかなー？」と言います。一方で，それでも気付かない子どもには，「あれ，あれれ？」と言って，とぼけてみせます。最終的には，黒板がクイズの答えになりますので「最後に全員で，クイズの答えを大きな声で言ってみましょう」と投げかけます。そして「はやし先生といっしょにがんばろう！」と，浮き上がった文字を全員で読みます。「よくわかりました～！　みんな拍手‼」と，全員で拍手をして，終わります。

　毎年，言葉を変えながら折り句クイズをしますが，全員でクイズの答えを言う時は，満面の笑みで大きな声で言うほど大成功します。教師は一緒にクイズを楽しむことに集中して，「一緒に楽しんでくれる先生だ！」と子どもに印象づけることができたら大成功です。

　クラス全体の子どもとの関係ができてきたならば，次に教師は一人一人の子どもとの関係づくりをします。一人一人の子どもの名前を呼び，「はい」と返事をさせます。「先生の目を見て返事すること」や「大きな声で返事すること」に意識させて，それらができたらどんどんほめます。全員の子ども

とよい人間関係がつくれるように，全員をほめるようにします。

(5) 1年間の所信表明

これまでは楽しい時間を過ごすことを述べてきましたが，私が大切だと思っているのは，実はこの所信表明の時間です。

所信表明をするまでに，子どもに新しい担任のことをわかってもらい，「この人の言うことなら聞こうかな」と思ってもらえるような関係を築くことが大切です。そのために，子どもと過ごす楽しい時間が必要だったのです。

> 「今日初めて会ったみなさんと，こんなに楽しい時間を過ごせました。これから楽しい1年を過ごせそうですね。ところで，みなさんは，なぜ学校に来るのでしょうか？」と，問いかけます。考える時間を1分与え，席の近い友達と相談してもいいことにします。

「来るのが当たり前だから」「勉強しないといけないから」などのすべての子どもの発言に「なるほど」「そうだよね」と，笑顔で認めます。そして，自分の思いを子どもに伝え，わかりやすく学級の方向づけをします。

> 先生はこのクラス全員と一緒に成長するために，学校に来たいと思います。詳しく言うとね，4月は生活科の学校探検で1年生さんに学校のことをみんなで教えてあげようね。5月の運動会は，色団毎に協力してみんなで頑張るよ。2学期は，学習発表会に一生懸命みんなと力を合わせてステージをつくろうね。マラソン大会は，声かけ合ってみんなで体力づくりを頑張っていこう。そして，3学期はいよいよ3年生の準備です。勉強はみんなで一緒に賢くなっていくんだよ。ぼくだけできたらいい…じゃなくて，みんなで教え合って賢くなろうね。

と，1年間の簡単な見通しをもたせながら，教師が子どもたちに育ってほしい姿を少し具体的に伝えます。また，クラス全員で頑張ることや，全員で賢くなることなど，「一人残らず全員で」という言葉を強調して語ります。

そして，そのためにはクラスのルールが大切であることを述べ，先に述べ

た「先生が叱る三つの原則」をこの時に伝えます。初日に，この所信表明を行い，1年のよいスタートを切れるようにしています。

3 オープンハートで，互いの心を合わせられる学級開きを！

　普段，教室を見渡すと，「今日の体育は，頑張ろう！」とポジティブな気持ちでいる子どもや，一方「おれって〜だから」「どうせ，私なんか…」とネガティブな気持ちで沈みがちな子どもなど，実に様々な子どもが在籍しています。しかし，年度の初日は，全員がポジティブです。学級開き次第で，すべての子どもに「明日からの学校が楽しみだな」と希望をもたせることができると思います。学級開きは，仰々しくイベントを行うことが目的ではなく，どの子どもにも新学年のよいスタートを切ってもらい，新しい学校生活にいち早く慣れてもらうことが大切ではないでしょうか。

　ここで外してはいけないことは，教師の人となりを示すことです。初日は，教師も子どもも緊張して，互いに「どんな人なのかな」と見合います。人の第一印象は15秒で決まりますから，普段何気なく子どもに語る時よりも少しだけ意識して，笑顔でいること，クイズやゲームを一緒に楽しんで思いっきり笑うこと，所信表明の時は全員の子どもの目に訴えかけるように語りかけること，そして，教室の隅々までを見渡して，「この先生は全員のことを見てくれているな」と，子どもたちを安心感で包み込むこと。このように「みんなと一緒に新しい1年を過ごすのが楽しみなんだよ」と，教師が態度で示せば，子どもたちも新しい担任と心一つに，安心して新学年のスタートを切れるように思うのです。

　私が意図して考えた演出を，子どもたちは期待通り反応してくれることもあれば，そうでない場合もあります。しかし，どんな学級開きであっても，自分のハートを子どもたちにオープンにし，確実に互いの心を一つに合わせられる最初の機会にしたいと願っています。

（林　紀予子）

第3章

一人残らず笑顔にする学級開き

小学校中学年

完全シナリオ

1 ほめること，三つの印象を与えることで伸びる学級を開く

「三つの印象」を与える

　4月当初，子どもたちはわくわくする気持ちと同時に不安な気持ちをもって学校に来ます。学級開きを通して，子どもたちに「明日早く学校に来たい」「1年間楽しみだ」という気持ちをもたせ，子どもとつながる第一歩にしたいものです。
　子どもが教師に求める要素は次の三つだと考えます。

①安心感
②楽しさ・面白さ・わくわく感
③リーダー性

　この三つの要素を満たす「印象」を与えることが，学級開きで最も大切にすることだと考えます。
　4月のスタートでは，まず，子どものよいところを見つけ，今ある姿を肯定する。「先生はみんなの味方だ」という安心感と，楽しいことをしてくれる先生だという印象をもたせたいものです。
　リーダー性は教師が，「友達」ではなく「教師」として存在するために必要不可欠な要素です。
　リーダーとは「目指すべき方向」と「規律」を示す存在です。
　それを明確に，そして子どもに寄り添いながら示す。
　「ファーストインプレッション」は，後々まで影響します。
　ああ，この先生嫌だなと思われれば，その後素晴らしい活動をしてもなかなか受け入れられづらいものです。逆に，「この先生好きだ！」と思われれ

ば，つまらない授業でも子どもたちは一生懸命学習することがあります。
　次項にて三つの印象をもたせる具体的な学級開きの例を挙げます。

2 私の学級開き 《完全シナリオ》

　前日までに黒板にメッセージを書いておきます。指導要録を読み，名前とそれぞれのよいところを覚えておくことは大切です。教室掲示のカレンダーに一人一人の誕生日を書き込んでおき，当日を迎えます。
　担任発表の時，笑顔で，元気よく，「はいっ」と返事をします。
　安心，楽しさ，リーダー性の三つを意識した立ち居振る舞いをします。
　教室に連れて行く前に，立派だったこと，うれしかったことを笑顔で伝えます。そして，教室で再びほめることができるように，二つの注意をします。

・忍者のように音を立てないで歩くこと
・列を乱さないこと

　教室に帰った後，事前に行った二つの注意を中心に，ほめ，確認します。
　個人的に取り上げたい子どもがいれば，まず率先してその子をほめます。
　教室に入り，椅子に座った子どもたちの様子を見ます。ほめるところがたくさんあるはずです。
　見つけることができなければ，そこにいるだけでうれしいと笑顔で言えばいいのです。学級開きは，教師がいるから教室があるのではなく，子どもがいるから教室があると，改めて確認できる時間なのです。
　一人でも話を聞いている子がいれば，その子をほめて「ありがとう」と伝えてから次のような流れで，学級開きを行います。

(1) **自己紹介《楽しさ》**
　　○得意なものをインパクトのある形で紹介する。
　　○自己紹介ムービーを作って流す。

○あいうえお作文で名前の紹介をする。
※子どもと共通しそうな趣味があれば紹介の中に盛り込む。

(2)　ミニゲームやアクティビティ《楽しさ》
　○新幹線ゲーム
　　教師が手と手をすれ違わせる。すれ違った時に子どもたちは拍手をする。最初はゆっくり，途中から速くする。
　　すれ違いそうになった時に止めると笑いが起こる。
　○はなはなゲーム
　　両手でグーをつくり，鼻の前に重ねる。
　　「はなはなはなはな～」と言ってから，その手をそのまま「鼻」，「耳」「あご」に動かす。先生と同じになった人が負け。
　○みなさんゲーム
　　先生が最初に「みなさん」と言った後の指示には従い，「みなさん」とつけなかった後の指示に従ったら，負け。
　楽しく遊んでいると，ほめるところがたくさん出てきます。
　例えば楽しいゲームをすれば笑顔が見られる。仲良く遊んでいる様子が見られる。「いい笑顔だねえ。元気が出るよ」と言えばよいのです。無理していない部分をほめられると，人は安心します。
　単に楽しいことをするだけでもよいのですが，「先生の話を聞いているといいことがある」「みんなで一緒にすると楽しい」ということに気付かせる布石もうちます。その布石を意識することで教師のほめ言葉も変わります。

(3)　学級の方向性とルールを語る《リーダー性・安心感》
　楽しく遊んだ後，次のように語ります。

> こんなに先生の話を聞いてくれて，楽しく過ごしてくれる，そんなみんなのことが先生は大好きになりました。

先生も，このクラスをますます素敵なクラスにできるように一緒に頑張りたいと思います。
　先生には二つの夢があります。
　一つ目は，このクラスを「仲良く助け合うクラス」にすることです。
　仲がいい，というのは口で言うほど簡単ではないと思います。
　でも，今日の様子を見ていて，はっきりわかりました。君たちとなら，きっと仲良く助け合う素敵なクラスをつくることができることが。
　二つ目の夢は「失敗しても，挑戦するクラス」にすることです。
　失敗しない一番の方法は何もしないことです。
　発表しなければ，間違えることはないよね。
　でも，正解することは永遠にありません。それは寂しいことですね。
　間違って恥ずかしかったり，情けなかったりすることもたくさんあります。
　でも，それでも顔で笑って心の中で歯を食いしばって挑戦する子どもたちであってほしいと思います。
　そして，そんな友達を「頑張れ」と応援してくれる仲間であってほしいと思います。
　マイナスの出来事は，あきらめたらマイナスで終わりです。
　でも，挑戦し続ければ，きっと成功に近づいていきます。
　失敗しても挑戦してください。そして，そんな友達を応援してください。先生は，そんな子どもが大好きです。

　１年間の布石となるように語ります。そして，真剣に聞いてくれている子どもたちを心の底からほめ，感謝を伝えます。

　先生はみんなのいいところを見つけるのが好きです。みんなのいいところを見つけてほめるのはもっと好きです。
　でもね，それだけだと大人の役目を半分しか果たしていないと思う。
　みんながダメなことをしたり，人に迷惑をかけたりしたら叱る人がいないと，

つらくなる人が出てきます。それ,みんなは我慢できますか?
　(「いいえ」という声)
　だからと言って叱るばかりだとみんな楽しくない。先生もずっと怖い顔していないといけないから楽しくない。
　だから先生はこれから言う三つのことだけ叱りたいと思います。
　よく聞いてください。

①人につらい思いをさせて自分が得をしようとした時
②命にかかわるような危ないことをした時
③3回注意しても直そうとしない時
　　　　　　　　　(野口芳宏氏の「叱る三原則」をベースにしたもの)

　端的に,しかし具体的に話します。そしてここでもよく聞いた子どもたちをほめ,「ありがとう」と伝えます。
　そして最後にじゃんけんなどの簡単なゲームで楽しく終わります。

3　学級開きの「底」に流れ続けるもの

　学級開きの語りや活動と同じように,教師の在り方そのものも大切です。教師の在り方は,その教師の考えを表しています。
　教師が日常的に大切にしたいことは,「自分が手本になること」「感謝」「ほめること」「教育的無視」の四つです。
　仲がよいクラスは,お互いの「よいところ見つけ」が上手で,「ありがとう」が多いクラスです。
　教師が「仲良くしてほしい」と考えるならば,教師自身もそのような自分を表すことが大切です。「ありがとう」が多いクラスにするためには,まず教師自身が子どもの目を見て口癖のように「ありがとう」と言うべきです。
　また,「よい子になって」と言っても,子どもたちには伝わりません。

しかし,「よく話を聞いているね」「さっと手が挙がるね」「美しく座っているね」「友達への声のかけ方が優しいね」そんな次の行動につながる具体的な「ほめ」を通して,子どもたちは「この学級ではこうしていけばいいんだ」ということを理解し,友達のよいところを子どもたち自身も見つけようとし始めます。
　逆に,かかわってほしい子どもたちは逆方向の行動を表すことがあります。
　しかし,大きく他の子の迷惑にならなければ,基本的には無視です。「見えない」「聞こえない」ふりをします。
　たとえ叱られたとしても,逆方向の行動をした子どもたちにとっては注目を得たという「成功」であり,「報酬」なのです。悪いことには注目せず,よいところにまず注目するということを教師自身が身をもって示します。
　かといって,完全に野放しになると無秩序な状態に学級は陥ります。
　ただし,秩序を生み出すのは,叱るだけでなく,正しい行動を価値付けしほめていくことでもできます。
　例えば,8割の子が話を聞いていなくても,2割の子が聞いている。
　そこで,8割の子を叱るのか。何も言われなくてもきちんと話を聞いている2割の子をほめるのか。
　叱ったり注意したりするのは,2割の子をほめてからでも遅くありません。
　ただし,それでも逆方向の行動を示し続けることがあるかもしれません。しかしそういう子どもたちは,おそらく前年度の引き継ぎの段階である程度予想がついているはずです。
　実は困らせる行動をする子たちの多くは,その前に自分自身が困っていることが多い。寂しい。わからない。居場所がない。注目を安易に集める行動で,そのような心の隙間を埋めようとしているかもしれません。
　前年まで叱られ続けてきた子どもたちもいるかもしれません。
　だから,そんな子どもたちこそ,プラスの部分に注目する。または,最初からほめられるような活動を入れて,先回りしてほめる。
　何が何でもほめてやる。そういう子こそ愛おしく思い,今までほめられな

かった分以上にほめてやろう，かかわってやろうと思ってちょうどよい位なのかもしれません。

「ほめる」ことは，誰かとの比較でも，客観でもある必要がありません。「自分がよい」と思ったら，ほめればよいのです。

それでも，何もほめることができなかったら，「好き」と伝える。声が好き。立ち方が好き。笑い方が好き。

もしかすると，注意したり叱ったりする場面があるかもしれません。

例えば，言葉遣いが悪くて友達を泣かしてしまった子に注意する。でも，その時に必ず「次はこう言ったらいいよ」と教える。

そして，できたら「えらいね。できないことができるようになるのは大変なことなんだ。でも，君は1日でできた。本当に素晴らしい子どもだね」と子どもたちと一緒にその変容を喜んでやればよいのです。

それは，子どもたちに「叱る」→「変わる」→「ほめられる」というよいサイクルを目の当たりにさせることができるチャンスでもあります。

もし，その子が行動を変えることができなくても，別のことでもいいから，その日のうちに必ずほめて終わることは，とてもとても大切なことです。

「本番」を迎えるに当たって

学級開きは「ドラマの本番」です。

後に学級というドラマの真の主役になっていくのは，当然子どもたちなのですが，学級開きだけは，教師が主役のドラマです。

さて，どんな表情で，どんな立ち方で，どんな振る舞いで，どんな声の出し方で，子どもたちに接しますか？

「本番」に向けての練習をするのは当たり前です。

もちろん本番で一字一句練習と同じように話す必要もありませんが，それでも大まかな練習を，相手がそこにいるようにします。

1年で最も大きな影響を与える学級開き。その中の重要なシーンです。例

えば語る場面だけでも練習する。大切なことだと思います。

5 リンクさせる

初日の語りは，学級目標への布石になります。
初日にほめたこと，叱ったことは，「学習文化」「学級文化」をつくるもとの価値になります。

> 何をほめるか。
> それは，教師の「こうあってほしい」という願いを表しています。

４月を迎えるに当たって，こんな学級になってほしいというゴールイメージはもっていますか。
どんな授業ができるクラスであってほしいですか。どんなかかわり合いをする友達であってほしいですか。
それを実現するために，何がよくて，何がダメなのか。できるだけ具体的に，子どもたちの声や息づかいが聞こえるようにイメージする。
初日に語ったことを，２日目以降，どう見えるようにしていくか。
例えば，失敗してよい，と言ったなら，その失敗をどこで誰をどのように仕掛け，ほめるか。
学級開きが，打ち上げ花火に終わるのか，それとも１年を貫く布石につながるのかは，学級開きで示したことを，後の授業や活動に教師自身がどのようにつなげていくかで決まります。

最後になりましたが，子どもたち一人一人が違うように，教師一人一人も違います。本稿を読んでくださったみなさんが，自分のよいところを前面に押し出して，「自分らしく」学級開きが行えることを願っています。

（南　惠介）

2 育てたい子どもの姿を明らかにしてのぞむ学級開き

  1 私にとって学級開きとは

(1) 育てたい子ども像を明確にしておこう

　学級開きは，ただの200分の1（1年間の登校日数を200日として）ではありません。学級開きの1日は，学級で過ごす1か月分ほどの価値があります。1年間の学級の在り方が決まる1日という覚悟でのぞみましょう。

　そして，学級開きに向かう教師が必ずもっておかなければならないものがあります。それは「どのような子どもを育てたいのか」です。これは学校教育目標とは関係なく教師自身が育てたい人物像です。これには，教師個人の価値観が大きく影響します。しかし多くの教師は，何となく「ボヤ〜」とした感覚で，自分の育てたい子ども像をもっていることが多いです。それを一度，言葉にすることで，自分の育てたい子ども像が明確になります。私なら「自分を愛し，自分に厳しく，他の人を慈しむことができる人」です。この目標を実現するために学級開きから多くの仕掛け，取り組みを始めます。「どのような子どもを育てたいのか」を明らかにすることから，学級開きにのぞむことで，子どもたちを目標に向かって育てることが始まります。

(2) 学級経営は一枚の布を編むように

　学級経営は，教師と子どもたちで一枚の布を編み上げていくようなイメージをもちましょう。教師と子どもとの関係が「縦糸」，子どもと子どもの関係が「横糸」です。まず，教師と子どもの関係を紡ぐ，縦糸を張りましょう。そして，子どもと子どもをつなぐ横糸を張っていきます。この縦と横の糸で一枚の布を編んでいくのです。そして，糸は金糸や銀糸などではなく，教師

や子どもが「僕はこんな糸だよ！」と自分自身の色で染まった糸で紡いでいけるような経営をしていきましょう。

(3) 学級開きの三つのねらい
　学級開きには，三つのねらいがあります。一つ目は「教師と子どもの関係」，二つ目は「子どもと子どもの関係」，三つ目が「教師の子どもの実態把握」です。言い換えれば，次のようになります。

> ・子どもとの信頼関係づくり（縦糸を張る）
> ・学級風土づくりのスタート（横糸の意識）
> ・子どもの姿の観察

　この三つを意識して学級開きの1日を組み立てます。
　① 子どもとの信頼関係づくり（縦糸を張る）
　まずは，子どもとの信頼関係づくりです。この出会いで，子どもたちが「この先生とは楽しくやっていけそうだな」「この先生のこと好きになれるよ」と思える出会いを演出しましょう。これは教師と子どもとの関係である縦糸を紡いでいます。
　子どもとの出会いの演出には，多くの方法がありますが，ぜひお勧めしたいのは，学級開きの前に，子どもの顔と名前をすべて覚えておくことです。子どもの顔写真は，前担任にお願いするといただけます。それを名簿，指導要録と合わせながら覚えます。こうすることにより，1年間を共に過ごし，成長していく子どもとの距離が一気に縮まります。そして，学級開きでは，一人一人の名前を呼びながら話しかけるのです。子どもにとっては「この先生凄いな！」と思ってもらえるでしょう。
　② 学級風土づくりのスタート（横糸の意識）
　次に，学級風土づくりです。これは子ども同士の関係性が影響します。子どもにとって学級開きは，新しい出会いや生まれ変わろうとする時間でもあります。そして「このクラスは自分を出せる」「自分の願いをかなえられる」

と思えるような出会いを演出しましょう。例えば，挨拶ゲームをしたり，前年，同じクラスだった友達同士で他己紹介させたりして，子どもと子どもをつなぐことを仕掛けていきます。そこで大事なことは，どの子も笑顔で過ごしていることです。

③ 子どもの姿の観察

学級開きで教師がしなければならない，もう一つのことは「子どもの実際の姿の観察」です。前担任や学年主任などから，子どもの様子の引き継ぎを聞いたり，指導要録を確認したりして，ある程度の子どもの様子は把握できます。しかし，見ると聞くとは大違いという言葉があるように，「えっ!?」という現状を見ることが多々あります。そこで子どもの現状を，確実に確認することも学級開きで重要なことの一つです。しかし，短時間の間に全員を確認することは難しいでしょう。そこで，特に気になる子ども数名を挙げておき，ピンポイントで観察します。特に気を付けておきたいことは，学級がスタートしたての時は，予測しない出来事が起こりやすいため，意図的に子どもを観察する時間をつくっておくことです。例えば，休憩時間や子ども同士をつなぐゲームの時など，子どもだけで活動する時間にねらいを絞っておくと観察がしやすくなります。

2 育てたい子どもの姿を意識した学級開き 〈完全シナリオ〉

学級開きの流れは，学級開き前の準備，学級開き当日，下校後の三つに分けて考えましょう。

(1) 学級開き前の準備

① 事前チェックシート

学級開きは，通常の指導の何倍もの価値があります。そのためにも，しっかりとした事前準備が必要です。まず「いつまでに何が必要か」「当日の第一声は何にするか」「子どもたちへの語りの内容」などを練っておきましょう。

事前に必要なものは，どの学年でも使える同じもの，その学級に特化したものの二つに分けることができます。例えば，低学年なら教室にソーイングセットを一つ置いておけば，制服のボタンが外れた時など，すぐに対応できます。これだけで子どもは教師のことが好きになります。そして，このことを連絡帳に「今日，○○さんの制服のボタンが取れたので，教室で付け直しています。何分，男手で付けましたので不格好かもしれません。お家で確認してくださいね」と書いておけば，保護者の方との信頼関係を築くことにもつながります。

【事前チェックシート例】

学年始めチェックシート
○　事前準備（学校）
　　□　児童名簿作成
　　□　家庭環境連絡表
　　□　保健調査表
　　□　諸帳簿整理（要録・出席簿）
　　□　クラス編制

○　教材選定
　　□　ノート・ファイル・テスト・各種教材注文
　　□　最初の学級通信
　　□　休んだ子の連絡用紙
　　□　貸出用の鉛筆・赤鉛筆・定規・消しゴム・名前ペン・下敷・がんばりま帳

○　教室環境
　　□　教室清掃
　　□　掲示物印刷
　　□　時間割決定
　　□　補助簿作成
　　□　机配置テープ
　　□　朝の会・帰りの会の様式
　　□　学級日誌のもと
　　□　備品確認（掃除道具・給食エプロン・チョーク・黒板消し）
　　□　ロッカー・靴箱の名前貼り

　　□　教材選定→教材使用届
　　□　くじ用わりばし
　　□　1週間の計画
　　□　年間計画
　　□　ネームプレート用厚紙（人数分）
　　□　音読カード

○　購入するもの
　　□　名前磁石
　　□　個人用ボックス→昨年購入済
　　□　整理ファイル用ボックス
　　□　ソーイングセット

○　年始計画
　　□　授業開き（各教科）
　　□　授業システム（特に国，算）
　　□　基礎学力定着へ（日記・読書・暗唱・漢字・計算・作文・都道府県名）
　　□　総合計画
　　□　ポートフォリオ
　　□　宿題（日記，計算，漢字，音読）
　　□　朝の会・帰りの会
　　□　一人一役
　　□　百人一首
　　□　学習規律・学習システム（→相互評価する）
　　□　給食のシステム
　　□　掃除のシステム

ひょっとすると春休み中に誕生日を迎えている子どもがいるかもしれません。子どもにとって，誕生日は1年中で一番，楽しみにしている日です。その子の保護者にとっても，とても大切な1日です。もしも，春休み中に誕生日を迎えている子どもがいれば，学級開きの時にお祝いをしましょう。誕生日に牛乳で乾杯をしたり，全員で歌を歌ったりして祝うことがありますが，一番大切なのは「担任が子どもの誕生日を知っていること」「心からお祝いをすること」です。

　このチェックシートのデータは，毎年，年度初めに活用します。そして，その度ごとに見直しをしていくことで，自分自身の学級経営の振り返りにもなります。

②　子どもの現状リサーチ

　学級の子どもの現状をリサーチしておきます。まず，前担任や全学年主任などから名簿を片手に話を聞きましょう。そして，次に指導要録を見て，学習状況や生活状況の確認をします。それらを元に，子どもの補助簿（子どもの情報をまとめたファイル）を作成しておきます。

③　教室環境の整備

　教室環境の整備もしておきましょう。まず，教室を徹底的に掃除します。1年間，子どもと一緒に過ごす教室です。教師から教室への「1年間よろしく」という挨拶と言ってもいいでしょう。そして，子どもたちと教室との出会いが気持ちのよいものとなるように机の上，ロッカーの中，本棚，テレビなど，丁寧に掃除しておきます。

④　黒板メッセージ

　最後の教室環境の整備です。子どもたちへの担任としての抱負，願いをメッセージとして書いておきます。担任が発表される前ですから，こっそりとヒントを入れておくのもいいでしょう。

　そして学級開きの当日，子どもたちは教師のいない教室に入ってきます。どこに座るのか，どこに何を提出するのか，どのロッカーを使うのか，何をして過ごすのかを，黒板に書いておきましょう。

⑤ 担任の所信表明を用意する

　学級開きで大切なことは「担任の所信表明」です。どのようなクラスにしたいのか，どのように育ってほしいのか，どのような時に叱るのかなどを，子どもにわかりやすい言葉で語りかけます。限られた時間で語る言葉を考えておきます。

(2) 学級開き当日
　① 担任発表

　教師と子どもの一番最初の出会いは，始業式での「担任発表」です。この時に，子どもを見つめて，教師の元気な声を聞かせましょう。その後，はじめての声かけです。この時には，簡単な挨拶と，どうやって教室に帰るのかの指示だけにしましょう。

　② 教師の所信表明

　教室での出会いが本番です。子どもたちは，どんな先生かワクワクしています。私は子どもとの出会いは，必ず「凛とした姿」を子どもに見せるようにしています。楽しい先生には，いつでもなれますが，凛とした先生は，はじめが大事です。凛とした姿を子どもたちに見せましょう。

　教室で一番最初にすることは，担任の自己紹介です。

【アナグラムでの自己紹介】
　お　大きくて
　か　かっこよくて
　だ　ダイナミックで
　こ　子ども大好き
　う　うるさいほど
　じ　冗談を言う男

　たったこれだけのことですが自己紹介をアナグラムですると，すぐに子どもは覚えてしまいます。そして，凛とした姿勢での所信表明です。

【所信表明の語り例】
　「学校は何をするところでしょうか？　学校は勉強をするだけではありません。たくさんの友達と，たくさんお話しして，遊び，勉強して一緒に成長するところです。これから１年間，みんなと一緒に成長しましょう。それと先生が怒るところを伝えておきます。先生が怒るのは三つです。一つ目は，命にかかわるようなことをした時です。二つ目は，同じことで３回注意された時です。そして三つ目が一番大事です。誰かを悲しませて楽しんでいる時です。これをイジメと言います。この三つ以外は怒りません」

　どんなクラスにしたいのかと，どのような時に怒るのかを伝えます。怒る時の三つは野口芳宏氏の「カミナリ３か条」を使っています。
　そして，子どもたちの自尊感情の高さを知るために次の話を続けます。「自分のことを好き」というのが恥ずかしい子どももいるので，机に伏せさせて挙手させます。

　「机とお友達になりましょう！（机に伏せさせる）自信をもって『自分のことが好きだよ！』って言える人は手を挙げましょう」
　　～　子ども挙手　～
　「顔を上げましょう。３月には，全員が自信をもって手を挙げられるようになります。先生と一緒に，みんなで成長していきましょう」

　これと同じことを３学期の学級締めの時にします。挙手の人数が，その年の教師の評価になります。自戒を込めて尋ねます。
　③　子どもの自己紹介と自己紹介ゲーム
　次に，子どもに自己紹介をします。この時に「好きな色」「好きな食べ物」「最近大好きなこと」を言ってから名前を言うなどの，条件を出しましょう。それだけで，クラスの雰囲気はやわらかくなり，子どもは話しやすくなります。もちろん，一番はじめは教師が「カツ丼がめちゃくちゃ好きな○○です」とデモンストレーションをしましょう。

その後に，子ども同士のつながりをつくるために自己紹介ゲームをします。

① 教室中を歩いて，誰でもいいので握手をして，互いの名前を言う。
② 「これから，よろしく！」と言ってハイタッチをする。

ゲームの最中の教師は，子どもの様子を観察するようにします。どのようなゲームでも構わないので，子どもをつなぐ指導は必ず入れましょう。

④ **休み時間の子どもの観察**

初日の休み時間は情報の宝庫です。子どもは教師に話をしたくて，教師の周りに集まってきます。もちろん，その子たちの話を聞きましょう。それと同時に，一人の子はいないか，気になっている子どもが誰とどこにいるか，机やロッカーは片付いているか，身だしなみはどうかなど，子どもを知るための情報が溢れています。しっかりと観察しておきましょう。同時にクラスの雰囲気がどうなのかを感じておきましょう。

⑤ **初日のさようなら**

初日のさよならの挨拶は，「教師とハイタッチ」や「握手」など，教師と子どものつながりが生まれるものにしましょう。この時に「今日の笑顔素敵だったよ」「元気な声でエネルギーをもらったよ」など，必ず一言添えましょう。それだけで学校が待ち遠しくなります。

また初日の宿題は「先生に質問日記」や「自分プロデュース日記」などで互いの開示を促すようなものを取り入れましょう。

(3) 子どもたちの下校後

子どもたちの下校後に，必ずしなければならないことがあります。それは教室での初日の振り返りです。まだ掃除も始まっていません。子どもの机を拭きながら「誰が座っていたのか」「その子は何をしていたかな。何を話していたかな」など，教室掃除をしながら，1日を振り返りましょう。これをすることで教師の指導が，届いていたか，子どもが笑顔で過ごせていたのかなどを把握することができます。

学級開きのポイント

　子どもと出会う学級開きのポイントは「育てたい子ども像の明確化」と「事前のリサーチ」「出会いの演出」「子ども同士のつながりをつくる」の四つです。つまり「育てたい子ども像の明確化」は目標で，「事前のリサーチ」は形成状態の把握，「出会いの演出」は指導の手立てと言えます。「目標→形成状態の確認→指導」という流れでわかるように，学級開きは１年間の学級経営の在り方を決める大きな指針と言えます。

　また「子ども同士のつながりをつくる」は，子どもに人とのかかわり方を学ばせるために必要です。子どもが人との関係性を一番学ぶことができるのは，教室です。教師が，どのような雰囲気の教室で過ごすかを初日に体験させておくと，子どもには安心感が生まれます。この安心感が１年を過ごすために一番大事なことかもしれません。

（岡田　広示）

3 子どもに希望と安心感を そして先生とのつながりを

1 学級づくりは船旅のイメージで

(1) 教師は船長のように

　みなさんは船旅をしたことがありますか？　私は初任者の頃当時の文部省で行われていた洋上研修という研修プログラムに参加して1度だけ経験したことがあります。客船に乗って日本一周しながら全国から集められた初任者の仲間たちと様々な研修を行うのです。全国に友達がたくさんでき，教師としての基礎を学んだ思い出深い素敵な旅でした。旅での出来事は17年経った今でも鮮明に思い出すことができます。

　本稿を執筆させていただくにあたり，いろいろなイメージを学級づくりに当てはめてみると，学級は1年間という長い旅をする船のような性格をもっているのではないかと感じました。もちろん私が感じるまでもなく，実際に学級通信や学級目標で学級を船を表現されている方も多いかと思います。子どもたちは，同じ船に乗る乗組員，時には乗客として様々なことを体験し，その中でいろいろなものを身に付けて目的地まで行きます。教師は船長として，乗組員や乗客が安全に目的地に到着できるように手立てを打つわけです。

　では，学級開きに当たる航海初日はどうでしょうか。みなさんが船長だとしたら，初日のミーティングで乗組員や乗客に何を話しますか？

(2) 航海初日≒学級開きの目的

　① 安心感

　洋上研修での航海初日の私は不安と緊張で一杯でした。同じ班には誰も親しい知り合いがいない状況で，どうやって過ごしたらよいのだろうと大変心

細く思ったことを覚えています。船のルールや使い方の話もされたかもしれませんが，私はほとんど覚えていません。それよりも，船長や担当の先生方が落ち着いてにこにこと挨拶され，どんな航海になるか，どんな旅をしてほしいか，そして安心して学んでほしいというメッセージをもらって，みんなが笑顔だったのをよく覚えています。

　私は，学級開きも同じであると思います。まず学級開きでは，1年間頑張ってみたいと思って学校に来た子どもたちを安心して学べる心の状態にすることを大切にします。

　ただし，気を付けなければならないのは，安心感とはただ単に担任の先生が優しいことや笑顔でいることだけではないということです。船長はただにこにこ笑っていて，何のメッセージも発しなかったらどうでしょう。行き先のわからない船に自分も乗っている。そんな不安感をもち始めるでしょう。

　私が教職生活の中で見てきた素晴らしい先生方は，1年のイメージがとても明確で，1年という時間の中でそれぞれの時期にどうしていくかをきちんともっておられる方が多いと感じています。担任自身がなるべく明確なビジョンや見通しをもっていることで，その担任の安心感や期待と子どもの気持ちがページングしていくような感覚が近いのではないでしょうか。

② 関係づくり

　もう一つ私が大切にしていることがあります。それは担任と子どもの関係づくりです。

　長い航海の中では，日々の生活ルールをきちんと守ってもらうことはとても重要です。それを守れないことには，快適で思い出深い船旅など実現しません。初日には必要なかったルールも時間が経てば経つほどいろいろな場面で必要になりますので，きちんと伝えておくことが大切です。

　しかし，ちょっとおっかないジャイアンみたいな船長とのび太のような優しいけれど少し頼りない船長とではだいぶ印象が変わるのではないでしょうか。前者のジャイアンみたいな船長であれば一言言えばいろいろな指示が通

るでしょう。でもすぐに親しむことは難しいかもしれません。後者ののび太のような船長ならば親しみやすいかもしれませんが，指示をきちんと通すのは難しい面があるかもしれません。

　教師もキャラクターによって大きく関係の結び方が変わってきます。本性は秘密にしておくとして，私は周囲の大人や子どもからは，厳しさとは真逆にある印象の「いい人」的な人物として見られるようです。つまり私は厳しく見られる先生方よりも，ルールや指示を通すために工夫を必要とするのです。学級開きの後に訪れるみんなを指導し，導いていく場面の教師の言動を子どもたちが納得して聞いてくれるかどうかが重要です。それだけに，学級開きでは１年間を見通して適切に関係を結ぶ必要があります。いろいろな方法がほかにもあるかもしれませんが，私はこの数年「温かいけれどルールや物事にはきっちりした少し厳しいかもしれない先生」のイメージを心がけています。

　そのためには，自分のキャラクターに合わせた学級開きでの演出には戦略が必要なのではないでしょうか。みなさんよく御存じのように第一印象はとても大切です。私は現段階においては，学級全体に方向を示して安心感を与えたり，ルールを通して評価者として立ち振る舞えるようにするためには初期にある程度の厳しさが必要だと考えています。

2　航海準備と航海初日まで

(1)　航海準備（学級開き準備）

　学級開きの準備は，ほとんどの先生方が大変緻密にやっておられると思いますがあえて書きます。学級開きはどのくらい準備できたかがとても大事だからです。私と学年を組んだ先生方は本当に多くの準備を効率よくされていました。また準備されていないように見える方も豊富な経験の中でイメージを明確にもって取り組まれています。ある先生は「段取り８割実践２割」とおっしゃっていて，今も私の心に大きく残っています。

学級開きまでの私の準備は大きく三つあります。
　一つは，学級をどんな学級にしていきたいのか，どんな子どもに育てていきたいのか。その具体的な姿はどんななのか，それを実現するための手立てはどのような手立てをとるかなどです。ノートにどんどん書きます。全部書けない場合は書けるところまで書きます。
　二つ目は学級組織の構想です。学級委員長，係活動，当番活動，教室掲示，学校・学年・学級ルール，学習ルール，1日の流れについても確認します。この時，どうしてこの組織をつくるのか，この組織にはどんな意味があるのかをノートにつらつらと書き込みます。学校や学年の共通ルールについては学級だより等の配布されたプリントをノートに貼り付けることが多いです。
　最後は，1年間の流れです。異動した年はなかなか1年間までは見通せないことが多いですがそれでもノートに思いつくまま行事やイベントを書き込んでいきます。それとそこでどんなふうになったらよいのかも書き込みます。1学年間の行事を書き込むとここでこんなふうに活躍してほしいとか，こんなふうに成長させたいというイメージが湧いてきて見通しをもちやすくなります。担任が持ち上がりの場合などは特におすすめです。
　ほとんど妄想に近いかもしれませんが妄想も案外バカにできません。イメージをもつことが何より大切と考えています。もちろん出会うまでのイメージと出会ってからのイメージが違うこともあります。そういう場合はすぐ修正すればよいと思ってやっています。全修正をかけるようなことは今までありませんでした。1年間をどう過ごしたいのかという具体的見通しをもっているのといないのとでは，子どもに対する接し方や投げかけ方が違います。
　4月だからこそ，全体を構想するべきだと思います。
　私はこれらと並行して事務処理を進め，当日を迎えます。

(2)　航海初日（学級開き当日）
　① 　教室に入るまで
　学級開き当日は，担任も子どもも「安心した」「手応えあり」と思って笑

顔になって帰ることを心がけます。そのためには前述の船長の心境です。多くを語りすぎず，伝えるべきことだけ確実に伝えて，安心感と「この先生ちょっと違うぞ，ちょっと恐いかもだけど面白そう」という印象を与えることができるように意識します。なので，努めて自然体です。

とはいえ，初日は行事や配布物，連絡事項が立て込んでいます。連絡事項はお便りなどにまとめればよいですが，行事や配布物等は省略するわけにはいきません。むしろ学級の実態を観察する絶好の機会ですし，子どもはそういった活動の中で意欲をもつこともあると思います。ですので，私は必要な時間はかけますが，あまり長い時間はかけすぎないことにしています。

② 折り句で自己紹介

教室に入ったら自己紹介をします。

> みなさん，こんにちは，みなさんを担任する阿部琢郎と言います。みなさんは，先生のことをどんな先生だと思いますか？　あ，今いろんなことを考えたね。じゃあ，これから自己紹介をします。さて，自分の思ったことは当たってるかな？

このように投げかけて，黒板に「あ・べ・た・く・ろ・う」と書き，右のように書き込みます。反応を確かめながら，少しずつ進めていくことにしています。意外にお家でお話してくれたり，ずっと覚えてくれたりする子がいたりします。

あ	あかるくて
べ	べんきょうと
た	食べることが大好きです
く	くまみたいと言われますが
ろ	ロケットみたいに足が速くて
う	運動が大好きです

③ みんなへメッセージ

そしてこのようなメッセージを贈ります。これは，私が持ち上がりの4年生の学級を担任した時のものです。

> 「みなさん，4年生にようこそ。先生は，みなさんに当たり前のことに自分

> から感謝できる人，いろいろな人を応援できる人になってほしいと思います。そして，みなさんもいろいろな人から感謝されたり，応援されたりできたらいいなと思います。まず，その第一歩として，先生はみなさんに感謝を贈ります。また出会ってくれてありがとう。先生とってもうれしいです。そして，みなさんにエールを送ります。今年1年きっといいことがあります。みんなで頑張りましょう。フレー，フレー，1組！　フレッフレッ1組！　フレッフレッ1組〜！」（クラッカー）

　この時は，感謝される，感謝できる人になろうと語りました。また，まずは自分からと思い，私からみんなへのエールを送ろうと計画しました。
　その後，少し全体を落ち着かせてから追加で以下のように語ります。

> みなさん，みんながみんなを応援する。そして，感謝し合おうとお話ししました。そのためには何かを達成することが大切。小さいことでもやりきることが大切です。そして，まずは，強い一人になることがみんなで協力することの第一歩です。一緒に頑張りましょう。

　学級開き初日です。ほとんどの子どもは静かに真剣に聞いてくれます。
　④　挨拶
　最後に，挨拶を何種類かします。その年や雰囲気によって初日に行う挨拶は少し変えますが，必ず入れているのは一人一人と挨拶することです。

> 　それではみなさん，まだ挨拶をきちんとしていませんでしたね。大きな声で挨拶をしましょう。「よろしくお願いします‼」「よろしくお願いします‼（大きな声が返ってくる）」いいですねえ，とてもやる気がありますね。みんなと出会った最初の日だから先生はみんな一人一人ときちんと挨拶したいです。では，こちらから（元気な男の子のいる方から）…。（歩いて行き，前に立ってアイコンタクトをしてから）「よろしくお願いします‼」「よろしくお願いします！」「おしい！　もう1回っ！」「よろしくお願いします‼」「よろしくお願

> いします!!!」「おおっ！　すごい。先生うれしいよ！　きっとドキドキして勇気がいっただろうけど，よく大きな声で返してくれたね（握手する）」

　こんな風にして全員分を進めます。ここで少しの厳しさとあたたかさを演出することをねらっています。
　最後に帰りの会の後，ハイタッチで挨拶してさようならです。この時手を合わせてくれない子はほぼいませんが，合わせるのが恥ずかしい子がいた時は，できる限りあたたかく，でもしっかりとハイタッチするようにします。そして，したあとは「頑張ってくれたんだね，ありがとう」と声をかけるようにしています。

3　学級開きの成功とは

　ある年，学級開きが思うようにいかない時がありました。その時私はうちに帰ってから「ああ，どうしよう。失敗してしまった…。もうだめだあ。きっと今年はうまくいかない」と思わずつぶやいてしまいました。するとそれを聞いていた妻が「登校日はこれから1年で200日以上あるんだよ。きっと何とかなるって」と言ってくれました。確かにその年の学級は最後まで崩れずに過ごすことができました。
　ある年飛び込みで4年生を担任した時に出会ったRさんという女の子との思い出です。Rさんは1対1の挨拶ではとても恥ずかしそうでした。帰りの会のハイタッチでは「えー」と言っていました。その時は少し強引に「やろうよ～」とハイタッチしたのですが，とても気にかかっていました。ところが放課後玄関まで子どもたちを見送った時，Rさんが転校してきたばかりの子に優しく声をかける場面を見つけたのです。すぐに声をかけました。「優しいんだね」「そんなことないよ」「先生素敵だと思ったよ」それだけの会話でしたがRさんはにこっとして笑顔で帰り，私もとてもうれしい気持ちでした。Rさんとはそれから気兼ねせず会話するようになりました。また，学級

開き当日，友達と話している時に機嫌が悪いなと思ったⅠさんが2，3日後に友達とトラブルになりました。そこで休み時間にⅠさんを呼び，「先生，Ⅰさんがもやもやしていないか心配なんだ。何かもやもやしていることある？」するとⅠさんはきちんと丁寧な言葉でお話してくれました。

　私が思い出す学級開きにかかわる思い出は，ほとんどがそのプログラムの成功とはちょっと外れている思い出です。

　じゃあ，この文章を読んだ意味がないんじゃないかというとそんなことはないと思います。意図をもって学級づくりを進めることがなければ，最初で述べたように行き先のわからない船によくわからない船長と乗り込むことになるからです。そのための語りであり，挨拶だと思っています。

　ですが，学級開きがうまくいくとは，子どもが安心感を感じ，担任のことを知ることを通して１対１の関係づくりの第一歩を進められたということだと思います。プログラムの成否にかかわらず，その日を子どもたちがどう感じたのか，自分のことをどう思ったのかを冷静に読むことがとても大切なのではないかと思います。おそらく，私が失敗したと思ってあきらめかけた学級開きはすべてが失敗ではなかったのではないでしょうか。また，私の思い出に残っている子たちは，学級開きの自分のプログラムの中でもしかしたら感じたことがあったかもしれませんが，違う機会に私との関係をつくったり安心感をもったりしたかもしれません。

　学級開き成功の最大のポイントは，どんなに楽しくても盛り上がっても決して油断せず，失敗したと感じても決してあきらめないで学級づくりの道筋を見ることだと思います。そうすることが全員を残らず笑顔にすることにつながると信じています。

（阿部　琢郎）

【参考文献】
＊土作彰『学級づくりミニネタ＆コツ101』学事出版，2008
＊山田洋一『小学校初任者研修プログラム』明治図書，2014
＊赤坂真二『スペシャリスト直伝！　学級を最高のチームにする極意』明治図書，2013

4 楽しく明るい雰囲気で希望をもたせる学級開きをしよう！

1 学級開きの力と役割

(1) 新しいスタートは出会いの場

　年度始めの4月，子どもたちは期待と不安を抱きながら登校してきます。転入生の児童にとっては，この学校でやっていけるだろうか，友達はできるだろうか，という不安でいっぱいです。また，家庭環境や，前年度の学級状態の影響によっては学校生活に対して否定的な感情をもっている子もいるかもしれません。

　どの子にとっても，新しくよいスタートを切る，学校生活に対して肯定的な感情を引き出すきっかけをつくる，そんな力が学級開きにはあると思います。なぜなら，新しい学年や学級になるということは，今までの人間関係をいい意味でリセットできるチャンスでもあるからです。

　また同時に，1年間を印象付ける1日でもあります。何事も第一印象が大事です。とにかく，ライブ感たっぷりの1日にすることが大切だと思います。

　ポイントは，

> 「よい出会いを演出すること」「よい雰囲気をつくること」

です。学級開きで「この1年間がワクワクしたものになりそうだ」「この先生やこのメンバーと一緒なら楽しくなりそうだ」という希望を子どもたちに与えることが教師の役目だと考えます。学級開きは教師と子ども，子どもと子どもの関係性を紡ぐ最初の活動だと言えるでしょう。ちょっとしたコミュニケーションをとらせながら，楽しい雰囲気をつくり上げましょう。よいスタートを切ることで，やる気を引き出し，安心感をもたせることができます。

(2) 教師の方針と価値の共有を図る
　○教師の方針を語る
　学級開きは，担任が１年間の学級経営方針を示す場でもあります。新しい担任の先生の前で，子どもたちはどのように行動したらいいのか不安なはずです。初日に担任教師が明確な判断基準を示すことで，子どもたちは安心して生活することができるようになります。
　○１日の流れの中で価値を示す
　学級開きの日には，新しい担任やメンバーとの出会いがあると同時に，教科書やプリントの配布，ビニール袋や雑巾等の提出物の回収，明日の連絡等，しなければならないことがたくさんあります。一つ一つの作業や行動を，学級経営で大切にしたいことと関連づけて話すことで，子どもたちに，担任が大切にしたいこと（価値）を明確に示すことができます。
　また，子どもたちの適切な行いを見つけて評価し，全体に波及させることで，ポジティブな雰囲気を学級に広げることができます。また，そうすることで「こんなことをやったらいいんだ」という安心感をつくり出すことができます。

(3) 発達段階から
　中学年は１年生，２年生を経験して，学校の１年間の大まかな流れをつかみかけてくる発達段階です。そのため，最初のスタートダッシュを決めることで，「この１年が楽しく過ごせる！」という気持ちをもたせることができると考えます。ポジティブかつ温かな雰囲気を溢れさせましょう。

2　希望をもたせる学級開き

(1) まずは第一印象から
　子どもたちとの出会いは，印象的なものになるように心がけましょう。第一印象で，「ちょっと今年の先生は違うぞ」と思わせるのです。

始業式で担任発表がある学校の場合は、自分の名前が呼ばれたら、「はいっ‼」と一際大きな声で返事をし、学級の子どもたちの所へ駆け寄っていきます。

教室へ入る際には、いったん教室の入り口から顔を出して、「先生の入場です、拍手でお迎えください！」と言って扉を閉めます。その後、改めて入り口からギターをかき鳴らしながら入場します。そして教室を一周して教卓まで行き、「たくさんの拍手をありがとう！　先生とてもうれしくなっちゃいました！　先生の名前は堀内拓志です！　1年間よろしくね！」と笑顔で元気よく話し、黒板にあいうえお作文で自分の名前を板書しながら自己紹介をします。

そして、「ところでみんな、拍手はするものではなく、送るものなんだよ。拍手は送っても送られてもうれしいよね。拍手がいっぱい溢れる教室にしよう！」と「拍手」という行為について価値付けます。さらに、「みんなに拍手のコツを教えます。『強く細かく元気よく』です。一緒に言ってみよう、『強く細かく元気よく！』では、もう一度拍手をしてみよう」と言って力強く拍手をさせます。最後に、「このクラスのメンバーになったことは奇跡です。これから1年間一緒に生活する全員に向けて大きな拍手を送り、この奇跡が起きたことをお祝いしましょう！」と述べて、全員に大きな拍手を送らせます。最初の出会いから、底抜けに明るい雰囲気をつくり出すのです。

(2) 担任の学級経営方針の伝え方
　○アツく語る
　担任の学級経営方針を、アツく語ります。同じ言葉でも、話し方や声の調子、表情や身振り手振り等のノンバーバルな部分によって、伝わり方、受け取り方は大きく変わってきます。アツく語ることで本気度が伝わるはずです。
　○大切なルールはキーワードで
　大切なルールは、短くキーワード化すると覚えやすいです。キーワード化

することにより，この学級でのルールが明確になり，子どもたちの行動基準や判断基準が生まれます。

　まずは，こんなクラスにしたいという方針を語った後，それを実現するために大切にしたいことを明るく笑顔で話します。

　「先生は，ほっと安心できる，温かいクラスにしていきたいと思います。それを実現するために，今から大切にしてほしいことを言います。

　①思いやり　②尊敬と感謝　③協力　④全力　の四つです。この四つが教室に溢れたら素晴らしいクラスになりますよ」と板書しながらそれぞれの言葉の意味を説明します。

　そして，「これを今から覚えてください」と言って何度も声に出させて覚えさせます。だいたい覚えてきたなと思う頃に，一つずつ板書を消していきます。全部消しても言えるようになったら，「素晴らしい！　君たちはすぐに覚えることができたね」と評価します。

　その次に，禁止事項を話します。この時は，厳しい表情で少々きつめの言い方で話します。「次に，してはいけないことを言います。①ウソをつくこと　②暴力や言葉で人を傷つけること　③何度注意されても改めないことの三つです。この三つが守れない時は厳しく叱ります」と言って板書しながら説明し，大切にしたいことと同様の方法で覚えさせます。

(3)　配布・回収でファーストコミュニケーションを

　配布や回収は，列で行うことが一般的です。配布や回収をするということは，「物の受け渡し」をすることです。これを利用しない手はありません。配布・回収という作業を通して，人と人とが顔を合わせて応答し合うコミュニケーションを生み出させることができます。

　「今から教科書を配ります。自分の列の人に前から順に渡して行きます。この時に，必ず言ってほしい大切な言葉があります。渡す時には『はい，どうぞ』受け取る時には，『ありがとう』です。『はい，どうぞ』は相手を大切にする尊敬の言葉，『ありがとう』は感謝の言葉です。さっき大切にしてほ

しいと言ったことの一つ,『②尊敬と感謝』だね。また,渡す時には,きちんと振り返って相手が受け取りやすいようにしましょう。これは『①思いやり』です。さらににっこり笑顔があるといいね。」と説明して配布物を配ります。配っている最中に,目を見て渡していたり枚数を数えてから後ろに渡していたりする子どもがいたら,すぐに「それって素敵だね」と評価し全体に広めましょう。

　提出物を回収する時には,二つの方法で行います。一つは「後ろから集めてくる」もう一つは「後ろから送ってくる」です。「後ろから集めてくる」時は,列の一番後ろの子が前に歩きながら回収をします。「後ろから送ってくる」時は,列の後ろから順番に回収物を送っていきます。いずれも,渡す時には,「お願いします」受け取る時には「はい」と言わせます。これも大切にしたいことの「②尊敬と感謝」と関連付けて話します。

　すべての作業が終わったら,「みんな,しっかり声をかけ合えたね。このように,声をかけ合うことが人と人とを結びつけるんだよ。挨拶と一緒だね。このことを『コミュニケーション』と言います」と伝え板書をします。

「前から順に渡す」

「後ろから集めてくる」

「後ろから送ってくる」

(4) 明るく楽しい雰囲気づくり

　○思いっきり反応を

　中学年はノリノリなことが大好きです。一つ一つの指示にいちいち反応させて,明るく楽しい雰囲気をつくりましょう。何事も前向きに捉える雰囲気をつくると同時に,「よい雰囲気は自分たちでつくり上げる」という意識をもたせます。

　「今から先生が言うことに『イエーイ!』『やったー!』というように反応

してください。みんなで明るく盛り上がる雰囲気をつくるためです。もちろん顔は？ ニコニコだよね。手は？ 両手を挙げるよね。やってみるよ」
　教師「今から新品の教科書を配ります！」
　子どもたち「イエーイ！」
　教師「今から新しい学年便りを配ります！」
　子どもたち「やったー！」
　「ありがとう，反応してくれるとうれしいな。少し恥ずかしいかもしれないけど，全力でやってみてね。何事にも全力で行うことがみんなのやる気につながるんだよ。さっきの『④全力』だよね。クラスの明るくて楽しい雰囲気は，君たち一人一人の小さな努力でつくり上げるんだよ。『③協力』だね」と伝えます。

○指示ゲームで大笑い
　その日にやらなければならないことが終わったら，ちょっとした遊びをします。ここで，

先生の指示を聴くと，楽しい

という感覚を味わわせます。
　「今から先生がみなさんに指示を出します。みなさんは，その指示に従って動いてください。では行きますよ。『起立』『気を付け』『礼』『着席』おお，なかなか素早いね。じゃあ次行きます。『起立』『気を付け』『バンザーイ！』この時は『バンザーイ！』って言いながらばんざいするんだよ。もう一回『バンザーイ！』。次は『拍手』『笑顔』『にこにこピース』」
　このように，徐々に面白い指示を出すことで，自然と笑いが生まれ，面白いことをする子が出てきます（起立の時に「キリン！」，着席の時に「着陸！」とフェイントを入れてみるのも面白いです）。
　さらに，「隣の人とジャンケン」「隣の人と自己紹介」「隣の人とハイタッチ」「いろんな人とジャンケン」といったように，指示を聴いているうちに，いつの間にかコミュニケーションをとってしまうようにします。そして，

「先生の指示をしっかり聴いてくれてありがとう。おかげで楽しく活動できました。いい雰囲気をつくってくれたみんなに拍手！」と評価しましょう。

(5) １日の終わりはハイタッチで

　明日の予定を書かせ，必要な連絡をしたら，「今日は前の扉から出るようにしましょう」と伝え，扉の前に行きます。そして，全体で「さようなら」をしたら，「さようなら」「１年間よろしくね」と言いながらハイタッチをして子どもたちを教室から送り出します。最後の子が出ていったら，すぐに昇降口まで行って，もう一度さようならをします。「君たちとつながりたい」という意志を示すと同時に，子どもたちに「明日からも楽しく過ごせそうだ」という気持ちをもたせるのです。昇降口では，子どもたちも素の姿を見せるので，今日の感想等をききながら，一人一人とコミュニケーションをとることもできます。

3　指導のポイント　学級開きは担任からのメッセージ

　学級開きの後，よく「うちのクラス，ヤバい！　めちゃくちゃ面白くなりそう！」と興奮気味に他のクラスの友達に話している子どもの姿が見られます。また，転入生の保護者の方から「笑顔で帰ってきました。なんだかとっても楽しいって。初日から安心して過ごせたようです」という言葉をいただいたこともあります。

　学級開きは，担任がもつ雰囲気が大切です。気合いを入れすぎて硬い表情になっては逆効果です。笑顔で１日過ごすことを心がけましょう。笑顔は子

どもたちに安心感を与えます。
　しかし，学級開きの日はどうしても教師が話す時間が多くなります。場面によって声の高さや声の大きさ，語調を変える等，メリハリのある話し方で飽きさせないようにしましょう。
　学級経営で大切なことの一つは，「教師の指示が入る」ことです。初日から「聴く」姿勢を学級につくり上げることが，１年間の学級生活を左右することにもなります。そのため，前述からもわかるように，

> 指示を聴いて動けたことを評価する

ことを心がける必要があります。さらに，「聴く態度がいい子を評価する」ことも大切です。
　また，明るい雰囲気をつくっても，うまくノってこない，うまくノってこれない子どもがいるかもしれません。初日とて，様々な心理状態の子がいます。８割の子がノっていればよしとしましょう。
　学級開きはあくまでスタートです。学級開きで子どもたちに伝えたことが今日だけで終わらないように，何度も何度も継続して指導していくことが，子どもたちの成長につながります。

（堀内　拓志）

第4章

一人残らず笑顔にする学級開き
小学校高学年

完全シナリオ

1 学級開きはテイクオフへの滑走路
～ここだけ絶対外せない3要素～

1 私にとって学級開きとは

(1) 学級開きはテイクオフへの滑走路

　学級をもてる時期は，通常1年間ですが，その成否を決める半分以上は，スタートダッシュにかかっています。

　飛行機に例えて考えるとわかりやすいです。飛行機は，目的地までの移動のほとんどを空中で過ごしますが，肝心なのは離陸と着陸です。飛行機では最初に飛び立つためのエネルギーを，全て滑走路で得ます。飛び立ってしまえば，あとは慣性の法則に従って小さなエネルギーで進

めます。物体は静止している状態から動かすのに一番力が要る一方で，動き始めれば，そこから動かすのはどんどん楽になります。別の例なら，花の種をまくのにも，最適な時期があります。時期を逃すと，咲くものも咲かなくなるでしょう。

　つまり，最初が肝心です。後で何とかなることと，何とかならないことがあります。

　学級経営にも，似たところがあります。0から1が，一番大変なところです。そして，新しい環境を受け容れるのに最適なタイミングでもあります。基本的な方針や学級独自のルールも，この時期だからこそ受け容れられるものがあります。

　学級開きは，担任にとって1年間の中で最も重要でかつエネルギーの要る「テイクオフ」の場であると考えます。

⑵　学級開きで伝えたいこと三つ

　学級開きで伝えることは次の三つです。
　①「安全・安心」　②「ルール」　③「楽しさ」
　以下，順番に一つずつ見ていきます。
　①　安全・安心な教室
　これがないと始まらない，それが，「安全・安心」です。
　楽しい教室も，安全や安心をベースにしたものです。また，規律がきっちりと守られていても，不安感があればよい学級とは言えません。
　だから，まずは「安全・安心」を子どもに与えることを最優先にします。
　特に，いじめや学級崩壊などを経験してきた子どもにとって，最重要の項目です。「全員を必ず守る」という宣言と具体的な行動が必要です。前年度からひきずっているいじめ問題などへの対処が必要になることもあり，最も大切な部分です。
　②　ルール
　規律なく自由のみという状態であれば，リーダー不在の学級崩壊と呼ばれる状態になるでしょう。自由なく規律のみという状態であれば，専制君主という状態になり，これも隠れた崩壊の一種です。自由と規律のバランスのある，安心感を与えること。やるべきはやる，駄目なことは駄目，遊ぶ時は思い切り遊ぶ，といったこと。ここをきちっと押さえます。
　学校生活や授業でのルールの指導を，学級開きから入れていきます。
　③　楽しい教室
　楽しさは，やる気を起こす源の一つです。この要素を，学級開きから必ず意図的に入れていきます。最初のうちは，子どもにとって，サービスされる，与えられるものでよいでしょう。楽しさも，こちらからまずは提供していきます。まずはやる気のベースとしての，教師と子どもの信頼関係づくりからです。段階を踏んで，自分たちでつくる楽しさに移行していきます。困難さの克服も楽しさの一種ですが，これらは後で体験する楽しさです。学級開きの楽しさは，これからに期待がもてることに主眼を置きます。

2 安心感と楽しさを伝える学級開き

実際の台詞を書き起こす形で説明していきます。

(1) 自己紹介で「安心感」と「楽しさ」を

> みなさん，はじめまして。6年○組担任の，松尾英明です。担任発表の時，歓迎してくれた人？（手を挙げながら尋ねて挙手を求める。以下同様）ありがとう。何ていい人たちでしょう。うれしくて涙が出ます（バレバレの泣き真似をする）。ちょっと心配になった人？　気持ちはよくわかります。これから安心させますから御期待を。「え〜!?」と思った人？　正直すぎます。金の斧をあげましょう。はい，うそです。うそはいけませんが，可哀想でしょ。少しは気を遣ってあげましょう。こういうのを諺で「うそも方便」といいます。勉強になりますね（終始冗談っぽく）。

とりあえず，挨拶でつかみます。やりとりを楽しむ空気づくりが大切です。まずは，出会いの緊張と期待で固まった空気をこちらから動かします。実際のところ，どんなに校内で人気のある先生であっても，全員が歓迎してくれ

自己紹介クイズ！

出題者　6年2組担任　松尾英明
氏名＿＿＿＿＿＿　　点

次のことは本当かうそか？○か×を「予想」のらんに書きましょう。当たるかな？（1問10点）

問題	予想	正解
1．私は，字を書くことが得意だ。		
2．私は，しっかりしており，忘れ物などはほとんどない。		
3．私は，小学生の頃，成績優秀で勉強が得意だった。		
4．私は，けっこうきれい好きで，掃除が好きだ。		
5．私は，歌を歌うのが好きで，よく歌う人が好きだ。		
6．私は，授業中周りの人の答えを見たり聞いたりすると注意する。		
7．私は，勉強で間違った答えを言う子どもが嫌いだ。		
8．私は，毎日休み時間にみんなと遊ぶのは面倒くさいと思っている。		
9．私は，子どもも大人も素直なことが一番大切だと思っている。		
10．私は，6年2組を日本一の最高のクラスにしたいと思っている。		

ているということは，まずありません。抵抗感がある子ども，前の担任の先生がよかったと思っている子どもが半数と思って進めていきます。それぐらいが普通です。少しずつ，自分のことをわかってもらうようにします。

　続いて，90ページ下に示す「自己紹介クイズ」を配布します。

　○×をつけた後，挙手確認＆正解を告げる，という流れを繰り返します。これは，自己紹介をしているようで，実は目指したい姿を示しています。

　学級目標の手前の，担任としての方針を示せます。この例でいくと1～3が「人間，苦手なことがあっても大丈夫」というメッセージで（ちなみに正解は全部×），4と5は「掃除も歌も一緒に頑張ろう」，6と7は「わからない時は周りと協力して，間違いはどんどんしよう」，8は「たくさん遊ぼう」，9は「素直が一番」，そして10は担任としてのクラスへの期待と決意です。

　「楽しさ」の要素をもつゲーム感覚で，方針を伝えることができるおすすめの方法です。

(2) 名前を呼んで「ラ・ポール」を築く

　自己紹介の次は，子どもたちの名前を呼びます。

> 　これから名前を呼びます。みんなにも先生の名前を読んでもらいます。返事は「はいっ松尾先生」とはっきりと。「はい」の後の「っ」がポイントです（「はいっ」と板書）。ではいきます。○○さん（目の前へ行って握手する）。よろしくね。ピアノが得意だってね。…

　やってみると，当然ですがいろいろな反応の子どもがいます。返事が小さい子，ふざけて「はいっ，芭蕉先生」などと変化させて返事をする子（ちなみにこれは，着任式で「古池や蛙飛び込む水の音」の句を紹介して，自分を「松尾芭蕉」というネタにしたため），握手ができない子，様々です。ここではそれでいいと割り切ります。心理学でいうところの「ラ・ポール」を築くのがねらいだからです。返事が小さければ「控えめな人ですね」，少しふざける子には「元気がいいね」，握手ができなければ，映画「E.T.」のように

指先で「ピッ」と触れ合うだけでもいいのです。細かいことは，後回し。名前を呼ぶ，相手への興味を示す，握手で触れ合うといったステップで，距離を縮めます。次に話す少し厳しい話の指導が入りやすくなります。なお，返事の後に一言付け加えるために，事前に名簿に子どもの情報をメモするという作業を仕込んでおく必要があります。「誕生日が同じだね」「犬が大好きなんだってね」などと言うと，びっくりすると同時に「自分に興味をもってくれている」と感じやすくなります。少し手間ですが，その後の効果を考えると大いにやる価値があります。

> みんな，ありがとう。返事をするみんなの顔を見ていて，このクラスは，きっと最高のクラスになると自信がもてました。先生は，この6年○組を，最高のクラスにします。そのためにこのクラスの担任になりました。最高のクラスにするために，大切な話をします。

こう言って，次の少し厳しい話につなげます。また「最高のクラス」のフレーズを3回繰り返すことで，意識下に入れることもねらいます。

(3) 本気で叱る三つの時で「安全・安心」「ルール」を宣言

> 普段は優しいけれども，次の三つの時には厳しく叱ります。
> ①命にかかわる危険なことをしている時
> ②他人を傷付けて喜ぶようなことをしている時
> ③3回同じことを注意しても直そうとしない時
> 「命」「他人」「3回」この三つのキーワードを覚えてください。

ここでの宣言で，最高のクラスにするという期待と，そのために横暴な行為は許されないという厳しさの両面を共通理解します。続けて言います。

> みなさん，考えてみてください。クラスに危ないことをして，人を傷付けて喜んで，全然注意を聞かない人がいるとします。叱られないとしたら，どうですか？（「クラスがめちゃくちゃになる」「本人にもよくない」などの意見が出ます）そうですよね。ですから，この三つについては厳しくしますので，承知しておいてください。

　厳しさも安全・安心なクラスづくりのためだと理解します。事前に仕込んでおくことで，いざという時に指導がすっと入ります。命にかかわる安全指導に関しては，大事に至ってからでは遅いので，事前指導が特に大切です。

(4) プリント配布で「ルール」の基礎づくり

> では，今から学級通信を配ります。プリント類を配る時は相手の方を見て「はい，どうぞ」と言って渡します。受け取る人は「ありがとう」と言って受け取ります。やってみましょう。

　学級のルールは後から追加することも可能ですが，基本は最初に押さえておきます。「人を叩かない」といった，どの教室でも共通する当然すぎることはいちいち確認しませんが，独自のものを取り入れたい場合は早めに指導します。この例は有田和正氏の有名な実践の追試ですが，指導しないとまずやれないことです。後から加えると定着しにくいので，最初に指導します。

> 「はい，どうぞ」が言えた人？（挙手確認→ほめる　以下同様）「ありがとう」が言えた人？　相手の目を見て言えた人？（すごくほめる）まさかいないと思うけど，両手で渡したよという人？（ものすごく驚きながらほめる）すごい！　こういう素直な人は，必ず他のいろいろなこともできるようになります。では，残りのプリントも配ります。

　やんわりと，「素直さ」の価値を教えているのがポイントです。

(5) 廊下の移動は「ゴキブリ」か「忍者」で楽しくルール学習

> 今から，1年生の入学式の準備のために体育館へ行きます。
> まだ他の学年は学活の最中です。廊下はどのように移動すればよいでしょうか（「静かに」「しゃべらず」などの声が聞こえるはずです）。
> そう，「静かに」と「素早く」がポイントです。廊下の外に，うるさい集団が長時間いたら，集中できずに迷惑ですよね。
> 実は，廊下の移動の素晴らしいお手本がいます。何だかわかりますか。私は，すごく苦手な生き物ですが…「ゴキブリ」です（「ギャー」という反応がよくあがります）。まあ，「忍者」でもいいですが。ゴキブリか忍者，どちらか選んで，変身していきましょう。

「廊下の移動の仕方」なども，上手にできていないなら最初に指導します。
　廊下はなぜ静かに移動するべきなのか，どういう姿がいいのか。そういうことを簡単に説明し，やらせて，できたら当然ほめます。やはり，後から指導すると，何倍も労力がかかることです。
　ここでは「ゴキブリ」「忍者」という具体的なイメージをもたせ，ユーモアを交えることで，ルールも楽しく学習させていきます。なお，「ゴキブリ」だけだと本気で嫌がる子どももいるので，「忍者」でさり気なくフォローをして，二択に誘います。どちらを選んでも，静かに素早く移動できます。

(6) 遊びで男女の壁を壊し，「安心」と「楽しさ」をプラス

　遊ぶ時間がある時は「馬鬼」をやります。何のことはない，よくある復活できる鬼ごっこです。つかまったら馬跳びの「馬」になり，跳んでもらえたら復活というルールです。ねらいは，男女の壁を壊すことです。高学年の男女は水と油のようなところがあり，担任が意図的に混ぜてあげないと自分たちだけで自然に混ざるのは難しいことが多いです。早い段階で混ぜます。混ぜ方は簡単で，1ゲームやるたびに集合して，誰か助けてあげた人をその場に立たせ，さらに異性を助けた人は手を挙げさせます。ここで大げさに「誰

でも助ける優しさと勇気のある人たちですね！」と断定し，ゲームを繰り返す中でその空気を広げていきます。普段自分からは気恥ずかしいですが，ゲームの中でなら，ルールなので公然と助けることができます。男女仲のよいクラスの地盤づくりとして，早い段階での実施をおすすめします。

3　指導のポイント　ダメなことはきちんと叱るルール

　学級開きは，子どもにとって，新しい仲間と担任との出会いです。しかし，こと高学年に関しては，前年度までの友人関係を確実に引き継いでいます。特にいじめられてきた子どもや満足のいく学校生活を送ってこなかった子どもたちは，果たしてここまでの関係をリセットしてくれる担任かどうか，祈りにも似た思いで期待をかけています。これは実は，ここまでいじめをしてしまった子ども，学級を荒らした中心と言われてきた子どもも同様です。
　スタートダッシュが勝負です。一気に加速し，上昇気流に乗ります。
　このような学級開きをした後，家庭訪問などで保護者に話を聞くと，「新しいクラスがすごく楽しいみたいです」という声が聞かれることがあります。理由を聞くと「いじめられなくなった」「落ち着いて授業が受けられる」といった「安全・安心」にかかわることが最も多いです。また「ダメなことはきちんと叱ってくれる」といった「ルール」にかかわることが，信頼感を生んでいます。極めつけは「授業が楽しい」です。やはり，授業がクラスづくりの核になります。学級開きの勢いを最大限に利用すれば，クラスは大きく上昇していけます。

（松尾　英明）

【参考文献】
＊赤坂真二『スペシャリスト直伝！　学級を最高のチームにする極意』明治図書，2013
＊仲島正教『教師力を磨く　若手教師が伸びる「10」のすすめ』大修館書店，2006
＊飯村友和『どの子の信頼も勝ち取る！　まずは人気の先生になろう！』明治図書，2012

2 子どもが「希望」をもてる学級開き

1 学級開きで大切な視点

　4月の始業式。何度この日を迎えても、ドキドキし、足が震えます。「今年1年、どんな1年になるかな？」、少しの期待と大きな不安。きっと子どもたちの多くも、自分と似た感情をもって、学校に登校してくると思います。

　みなさんは、「学級開き」で大切にすることを挙げるとしたら、何を挙げますか？　多種多様な答えの中で一つ挙げるとしたら、私は「希望」です。この1年、「○○してみたいな」「なんとかやっていけるかな」という希望、これを学級の子どもたち一人一人がもてるようにします。

　子どもたちが「希望」をもつためには、下記のような点に気を付けます。

> ①安心・安全の保障
> ②先生が一人一人の子どもとしっかりとつながる
> ③子どもが自分の成長を実感する

(1)　**安心・安全の保障**

　学級開きでは、なるべくトラブルが起きないように、入念に準備をします。またトラブルが起こったとしても、「先生は自分のことを守ってくれている」と感じれば、自ずと1年間、頑張ろうと思えます。それは被害者の子どもだけではなく、加害者の子どもにも感じられるように、対応をすることが大切です。

(2)　**先生が一人一人の子どもとしっかりとつながる**

　始業式初日はやるべきことが多く、慌ただしい時間が流れます。やるべき

ことに追われると，目の前の子どもたちの顔が見えなくなります。普段以上に，顔を見る，もっと言えば，「表情を一人一人把握する」くらいの気持ちでいるといいでしょう。子どもたちは，「この先生は自分のことを見てくれている」と感じれば，自ずと頑張れるものです。時間がない中で，一人一人とどうコミュニケーションをとるか，そこがポイントになってきます。

(3) 子どもが自分の成長を実感する

　4月は頑張る気持ちが強い月です。どんな小さなことでも，その頑張りを見つけ，そして声かけをしていきます。子どもたちがやる気になったら，今の状態を認め，半歩先の状態を示します。小さなアドバイスを続けることで，さらに子どもたちは成長しようとするでしょう。

　この三つを，事細かに意識しながら，「学級開き」を行います。では実際，どのようにしていけばいいのか，紹介していきます。

 ## 子どもが希望をもてる学級開き

(1) 教室のしかけづくり

　私の勤めているところでは，始業式を校庭で行い，担任を発表，その後，教室で過ごし，下校，というのが一般的です。緊張状態の子どもたちが教室に入った時，どのような演出をするか，後の活動をスムーズにするために，前日にいくつかしかけを用意しておきます。

　○黒板にメッセージ

　次のように黒板にメッセージを書きます。

> ①挨拶
> ②今年の願いや思い（一文で！）
> ③教室に入ってやるべきこと

　黒板をこれでもかと言うくらいきれいにして，丁寧に，簡潔でわかりやす

く書きます。かわいいイラストや自分の得意なこと，特徴を黒板に少し書くことで子どもたちはぐっと新しく出会った先生に興味をもつことでしょう。私は，段ボールに貼った紙に似顔絵を書き，メッセージの横に置きます。

ここで大切なのは，とにかく「トラブルを起こさない環境づくり」です。教室に入ると，緊張状態から一瞬気が緩みます。その時，トラブルは起きやすくなります。そうならないために，黒板で気を引き，何をすべきなのか，はっきりとわかる状態にしておきます。ですから黒板の指示は明確に，刺激はなるべく少なくするとよいでしょう。

私は，とにかく席に座って待つように指示をします。動きを少なくすることで，トラブルを回避するためです。

○封筒メッセージ

今年1年大切にしたいテーマを紙に書き，封筒に入れ，教室の目立たないところ，子どもの手の届かないところに貼ります。ポイントは，「子どもの手の届かないところ」です。手の届くところに貼ってしまうと，興奮状態の子どもが，それを手にし，それを注意する子どもとの間でトラブルが起きます。教室の願いを印象に残るように見せるための工夫が，かえってトラブルになるようでは，本末転倒です。

(2) 教室での第一歩は挨拶から

「黒板メッセージ」で多くの子どもたちが教室で座って待っている中，担任の先生が登場します。教室の入り口で，一歩出て止まり，

> （とびきりの笑顔で）「おはようございます！」

挨拶は大切です。できれば1年間，大切にしていきたい，徹底して指導していきたいものです。第一印象で，一番さわやかで，手本となるような挨拶

をします。子どもたちから，元気に挨拶が返ってくれば，「いやぁ，すごいクラスだなぁ。こんなクラスで幸せだなぁ。うれしいなぁ」と言いながら，自分の教卓へ向かいます。先生が率先してそう言うことで，「そうかもしれないな」と子どもたちは「希望」をもつことができるでしょう。

　もし，あまり返事が返ってこない場合は，

> 「あれ!?　元気がない!!　そんなはずはない!!　もう一度やるので，今度はぜひ，元気に挨拶をしてくださいね」

　そう笑顔で言って，もう一度やり直します。よほどのことがない限り，前回よりも元気な声で挨拶が返ってくるはずです。満足いくものでないとしても，一度目の挨拶よりも元気に声を出したことを認め，「いやぁ，頑張ってくれる子どもがいるクラスは幸せだなぁ」と言いながら教卓に向かいます。

(3)　自己紹介＆ミニゲーム（5分程度）

　教室に入ったら，まず自己紹介をします。

> 「先生の名前はわかりますか？」
> （誰かを指名する）
> 「うれしいなぁ。先生の名前を，担任発表の一度で，覚えてくれていたのですね」（と言いながら，黒板に大きく書く）
> 「○年○組の担任になった松下崇と言います。よろしくお願いします。先生の身長は183cmあります。大きいでしょう。こんな大きな体ですが，実は先生はとっても緊張します。今だって，足が震えています」

　私は，大きな体の男の先生です。大人しい子どもは，そんな大きな男の先生が「元気」いっぱいに登場されると，困惑します。自己紹介では，自分の「売り」となる部分を強調しながら，少しだけ弱みを見せるようにしています。そうすることで子どもは，安心します。

　そして，こう続けます。

> 「ちょっとリラックスするためにゲームをします。
> 今から，先生が手拍子をするので，一緒に手拍子をしてください。手拍子をしながら，先生は途中で止めます。先生をよく見ていて，手拍子を止めることができるかどうかのゲームです」

　先生と子どもたちが動きを合わせながら，心を通わせるゲームです。最初はゆっくりと手拍子します。よく手を見ている子どもと目を合わせながら，途中で止めます。止めるたびに歓声が沸き上がります。

　慣れてきたら，フェイントを入れてみるといいでしょう。「せ〜の！」と言いながら，手を止める。3・3・7拍子の途中で止める，などすると俄然盛り上がります。2〜3分のゲームですが，効果は絶大です。先生と同じ動きをしながら，笑いが起こることで，教室の空気が柔らかくなります。「ズルしている！」という友達の指摘に対しても，「まずは友達じゃなく，先生を見てね」と言いながら，テンポよく進めるといいでしょう。

(4) 呼名（10〜15分程度）

> 「ゲームをして少しリラックスできました。ありがとう。みんなはどんな気持ちですか？　今から一人ずつ名前を呼びますので，返事をして，自分の健康状態，今の気持ちを教えてください」と伝えます。

　一人一人呼名をしながら，うなずいて目を合わせていきます。できるだけ笑顔を心がけるといいでしょう。

　子どもによっては何を言うべきかわからなくなってしまう子どももいます。そんな時のために話型を黒板に書くといいでしょう。

```
〈話型例〉
　はい！　元気です!!
　今の気持ちは_____です。
```

　注意を引きたくて，不安なこと，嫌なことを言う子どももいるかもしれません。そんな時でも慌てず，「そうなんだね。必要があれば後で話をしに来

てね」と伝えます。
　呼名中に，しっかりと友達の話を聞こうとしている子どもは大いにほめます。「友達の気持ちに，しっかりと耳を傾け，笑ったり，うなずいたりするなんて，なんて優しい人なんだ！」と感動の気持ちを伝えます。「きっとそういう人は，友達がうれしい時には，共に喜び，困っている時には手を貸してあげられる素敵な人になると思います。みんなにもそうなってほしいな」と行動の価値を具体的に伝えます。この活動を通して，呼名された子どもは先生が「見てくれている」と感じると同時に，呼名されているのを見ている子どもも，先生が「見てくれている」「自分が成長できる」と感じているはずです。

(5)　願いとルール（10分程度）
　一人一人と心を通わせることができたところで，一番肝心な「所信表明」をします。ただし，ここまでで子どもたちはだいぶ疲れてきていると思います。ですので，前日の「しかけ」を使い，集中を持続させます。

> 「みんなの気持ちはわかりました。
> 　先生は今年1年，大切にしたいことを昨日1日考え，この教室に貼り付けておきました。気が付きますか？」

　子どもたちが指をさした場合は，「そうです。よく気が付きましたね」と言い，気が付いていない場合は，教室の後ろにある封筒を指さし，封筒を取りに行きます。
　封筒からゆっくりとピンクの画用紙を出します。

> 「これじゃあ，まだ何かわかりませんよね。ここからが本番です。何かわかった時点で，言ってくださいね」

　そう言って，半分に折った画用紙を切っていきます。子どもたちは口々に，「あっ，わかった！」「アイスクリーム！」と言うでしょう。「ハート‼」と

答えが出たところで，画用紙を広げます。

→線にそって切る
←半分に折る

> （画用紙を見せながら）「先生は，今年１年，一人一人の気持ちを大切にしていきます。うれしい時，悲しい時…，いろいろな場面があると思います。どんな時でも，先生に気持ちを教えてほしいと思います。そしてそこから一緒に頑張って，成長していきたいと思います」

ここでは，しっかりと真剣な顔で伝えます。それまでの包み込むような雰囲気，楽しい雰囲気ではなく，自分の信念を伝えるつもりで，一人一人と目を合わせながら，伝えていきます。

> 「先生はみんなにも，自分の気持ち，友達の気持ちを大切にしてほしいと思います。そのために，これから言う二つのことを守ってください。守れない場合は厳しく叱ります」
> ①友達の体，心を傷つけない
> ②友達，先生の話はしっかりと聞く

この話の途中で，何か発言してしまう子どもがいた場合，「今は，先生が話をする時です。しっかり聞きましょう」と毅然とした態度で話をします。この二つは言ってしまえば当たり前のことですが，当たり前のことが守られること，これが子どもたちの安心・安全が守られることになると思います。

(6) 握手で下校

所信表明まで終わると，その日やらなければいけないことがあります。プリントを配布したり，翌日の持ち物の連絡をしたり，怒涛のように時間が過ぎていきます。もちろん，そんな中でも一人一人を見ながら，声かけはしていきます。ただし，「事務的なミス」は，それを取り返すのに膨大な時間が

かかります。間違いがないように,「やるべきこと」に集中してよいでしょう。

やるべきことが終わり,子どもたちが下校する時,最後のまとめとして,次のように話をします。

> 「今日1日,みんなと過ごして,みんなの頑張る力に驚きました。こんな1年が続けばいいなと思います。最後に,『今年1年,一緒に頑張っていきましょう。よろしくお願いします』という気持ちを込めてタッチをして帰ってほしいと思います。タッチが恥ずかしい人は,先生の前で『よろしくお願いします』と礼をして帰ってくださいね」

全体で「さようなら」と挨拶をした後,教室の出口の前に立ち,一人一人と目を合わせながら,タッチしていきます。「よろしくね」「さようなら」と言いながら,タッチしていくといいでしょう。やんちゃな子,教師との関係が1日目にして築けている子の時には,手を上下に動かしたり,タッチの瞬間に捕まえてみたりすると盛り上がります。また,それを見た別の子が,「もっと上に手を挙げて!」と言ってくる場合もあります。

体が触れるのを嫌う子もいると思います。そういう子どもには,無理にタッチせずに,「よろしくね」軽く声かけができるといいでしょう。

3 成長しようとする雰囲気づくりを

1年間を見通した時,一生懸命取り組む,成長しようとする雰囲気が,なにより大事になってきます。そのためには,「安心・安全」という土壌が必要になってきます。また先生が「自分にだけ期待してくれる」と感じた時,成長しようとするのだと思います。

「学級開き」では,これから起こるであろう様々な出来事も乗り越えていける,頑張れると「希望」がもてるとよいでしょう。

(松下　崇)

とにかく「楽しい！」と思える1日目を

  学級開きの失敗と今，大切にしていること

　私には3人の息子たちがいます。長男は小学生です。
　我が家の長男も多くの子どもたちがそうであるように，新しい学年が始まる前はドキドキしています。「新しいクラスの友達とうまくやれるかな」「先生はどんな人かな」そんな姿を見ていると，親の私もドキドキです。「今日，息子はどんな顔で戻ってくるかな」。「息子のことをわかってくれる先生だといいけどなあ」と気が気でありません。
　自分も学級開きなのですけどね（笑）。
　仕事が終わり息子のことを気にしながら家に帰ります。リビングに入り，息子が笑顔でいると，ホッとし，この1年間安心して過ごせそうだなと思います。そして，「きっと素敵な先生なのだな」と先生にお会いするのが楽しみになります。一方，息子が元気のない表情だと，「この1年間はどうなることだろう」と，妻と一緒に不安になります。そして，「先生とウマが合わないのかな」「先生は厳しい人なのかな」「息子のことわかってくれないのかな」と，どんどん先生に対する不安材料が浮かんできます。
　これ，親の正直な気持ちなのだろうと思います。
　そう思うと，自分が初めて担任をした時のことが思い出され，顔から火が出てきそうになります。そして，当時の子どもたち，保護者のみなさんに随分と心配をかけてしまったのではないかと反省をします。

　当時，私は中学校教員でした。教師になって3年目，ようやく念願の学級担任をすることになりました。たくさんの本を読み，「初日が肝心」と気合

いを入れて準備をしました。

「学級開きでは、面白い先生だと思ってもらって、そして指導力がある所を示して、かつ学級のルールを示していくぞ」と考えていました。

担当は1年生だったので、初日は入学式。教室には希望に満ち溢れた1年生が座っており、保護者の方々が教室の後ろで見守っていらっしゃいます。気合いいっぱいの大島先生は語る語る。「いじめは絶対に許しません！ 厳しく叱ることもあります‼」など、厳しさいっぱいのメッセージを送っていました。希望をもって入学式を迎えた1年生にとっては「中学校って怖いな…」なんて、なんだか残念な思いをさせてしまったのではないでしょうか。

ああ、当時のことを思うと、穴があったら入りたい…。

あれから約10年。初めての学級開きで残念なことをした私も、担任の経験を重ね、さらに長男が小学生になることで考え方が随分と変わりました。

学級開きというと、このように気合いが入ってあれもこれもと思ってしまうのですが、実際、初日の学級活動の時間は限られています。さらに、大量の連絡事項や配布物があります。つまり、担任が自由に使える時間はほとんどないのです。「あれもしたい」「これもしたい」と思っていると、慌てふためいてしまいミスが出てしまったり、子どもたちに自分の思いとは裏腹のメッセージが伝わってしまったりします。

ですから今はとてもシンプルです。

> 「学級開きの1日目は、笑顔で子どもたちが家に帰れる日にしよう。そして、その子どもの顔を見て保護者の方にも安心してもらう日にしよう」

と思っています。初日は一つのことでいいのです。子どもたちが「明日も学校に行きたいな」、そう思えるような1日にするということが1日目のねらいだと、今の私は思っています。

それでは，私の学級開きの様子を紹介します。

2 楽しい！と思える学級開き 完全シナリオ

(1) 事前の準備

　子どもたちが安心して新しい生活を始められるように，事前に準備をしておきます。新しい学級ですので，子どもたちは何処に座っていいのか，何処にランドセルを置いたらいいのかがわかりません。そこで，子どもたちが何処に座って，何処にランドセルを置くのかがわかるようにしておきます。ロッカーには，名簿番号や名前のシールを貼り，机はどのような順番で座ればいいのかを明示しておきます。子どもたち一人一人の居場所を確保しておくことが安心して新学期を迎えることができることにつながるのです。

(2) 黒板メッセージで前振りを

　子どもたちが教室に入る前に，黒板にメッセージを書いておきます。私がよくやるのは，いかにも女性の先生が書いたようにすることです。メッセージも女性らしく書き，最後に女性の先生の似顔絵を描きます。
　子どもたちは，「今度の担任の先生は女性だ」と思いながら担任発表を迎えます。

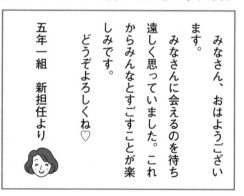

みなさん、おはようございます。
みなさんに会えるのを待ち遠しく思っていました。これからみんなとすごすことが楽しみです。
どうぞよろしくね♡

五年一組　新担任より

(3) 担任発表

　始業式の後，校長先生から担任発表があります。
　低学年から始まり，いよいよ5年生の番です。校長先生が「5年1組大島先生」と発表すると，学級の子どもたちは驚きの表情を浮かべます。担任は

女性だと思っていましたから。私は学級の子どもたちの方を向き，笑顔で元気よく，

> はいっ！　よろしくお願いします。…男です！

と言います。すると，学級の子どもたちは，くすっと笑ってくれます。
　始めの出会い，ちょっとしたいたずら心で子どもたちの気をほぐしていきます。

(4)　折り句で名前紹介
　教室に入ると自己紹介をします。

> 　先生の名前を知っている？　うん，そうだね「おおしまたかゆき」だね。でもね，実は，本当の名前はもっと長いんだよ。
> （子どもたちは，「どういうこと？」などと反応してくれます）
> 　では，書きますね（黒板に書きます）。
> **お**：おおきな声
> **お**：おこるとこわいが
> **し**：しっぱいだらけ
> **ま**：まゆ毛は太く
> **た**：たべることが大好きで
> **か**：からいものには目がありません
> **ゆ**：ゆるんだおなかで
> **き**：ギャグは滑りまくる先生
> というのが本当の名前なんです（子どもたちはニヤニヤします）。では，元気に声を揃えて読んでくれるかな？　せ～の（ここではほとんどの学級が元気に読んでくれます），わあ，ありがとう！　大きく声を揃えて読んでくれてとてもうれしいなあ。

　その後，「先生の名前を覚えてほしいから，少し消すね」と言い，一部消

し，また読んでもらいます。これを繰り返すと，学級の声がさらに大きくなり，あたたかで楽しい雰囲気になっていきます。

⑸　子どもたちと協力して配布物や連絡をほぼ済ませてしまう
　新学期1日目はとにかく忙しいです。楽しい出会いを演出したいのですが，与えられた時間自体が少ない上に，たくさんの配り物や連絡があります。落ち着いて出会いの時間を楽しめるよう，やらないといけないことは先にやってしまいます。

> 　もっと自己紹介をしたいんだけど，こ～んなに配り物があるんだよね。だから先に配ってしまおうと思うんだ。プリントを配って，学校からの連絡をしたら楽しい時間にしたいと思うんだけど，早く終わるように協力してくれるかな？

　こう言うと，子どもたちは，うん，うんとうなずいたり，「いいよ！」と言ってくれます。肯定的な反応を得られたら，「ありがとう！」とうれしそうに感謝のメッセージを伝えます。
　配布をしていると，子どもたちがテキパキと動く姿が見られます。すかさず，

> 　うれしいなあ～。早く終わるようにテキパキと動いてくれているんだね！ありがとう。

と感謝の意を伝えます。また，列ごとの配布枚数が多かったり，少なかったりするとそれに対応してくれる子がいます。その子に対しても，「ありがとう！　助かったよ」等と言いながら握手をしたり，頭をなでたりします。
　ここでもたくさんの肯定的なメッセージを伝えていきます。

(6) 先生4択クイズ

> みんなが協力してくれたおかげで，クイズをする時間ができたよ。ありがとう‼　では，これから先生の自己紹介クイズをします。自己紹介クイズ〜！（ここで，ノリのいい子が「イエ〜イ」と言ってくれたら）いいね〜！　それでいこう！　みんなもイエ〜イって言ってくれる？　オッケー？　ありがとう。じゃあ，いくよ，先生クイズ〜！（イエ〜イ！）

　学級の様子を見ながら，無理せずに盛り上げていきます。決して，一人で空回りしないように焦らずいきましょう。
　目的は，楽しみながら担任のことを知ってもらうことと，子どもたちが隣の人，周りの人ともかかわっていくことです。
　流れは，こんな感じです。

> これから，4択で先生問題を出すよ。まずは一人で考えてくださいね。次にペアで考えます。最後に4人グループで考えます。（学級の様子を見てペアだけでもOK）考える時間は30秒です。
> では，第1問！　大島先生の大好きな給食のメニューは何でしょう？
> 　　　　1カレーライス　　2ししゃも　　3トンカツ　　4ご飯
> まずは，一人で考えてね。次はペアで考えてください。最後にグループで。
> では，答えを聞くよ。グループで同じ答えを指で示してね。せ〜の！

という感じです。正解したグループには，「せ〜の」で拍手をし，不正解のチームには，「せ〜の」「ドンマ〜イ」って感じで，みんなで声を揃えて楽しく行います。躍起にならずに笑い合いながら参加する雰囲気にしていきます。
　クイズの中身は子どもたちとの関係づくりに役立つものがよいでしょう。例えば，この場合，給食でししゃもが出た時には子どもたちが「先生に一番大きいやつあげるよー」なんて言ってくれたりします。逆に苦手なものをネタにすると，そのものが給食に出た時に子どもたちは大喜びします。ぜひ，先生の人柄が表れ，かつ子どもたちとつながるチャンネルとなるネタを選ん

でください。

(7) 学級だよりは2枚

　初日の学級だよりは2枚出します。1枚が学級担任の紹介と連絡，もう1枚が保護者への依頼です。

　1枚目は，保護者のみなさんへの挨拶と担任の自己紹介，そして連絡を書きます。自己紹介は子どもたちに話した内容よりも控えめにしておきます。控えめにしておくことで，家に帰ってから「先生ってそれだけでなくてね〜」というふうに，子どもたちが担任について詳しく話をしてくれます。また，お家の方に「先生4択クイズ」をする子も出てきます。

　2枚目は，「お子さんのよいところを教えてください」という依頼です。できるだけ子どもたちのことを知りたいので，お子さんのよいところを書いてほしいと依頼します。ここのポイントは「よいところだけ」ということです。

　この言葉に保護者の方は，「今年の担任の先生は，うちの子のよいところを見ようとしてくれる人なのだな」とうれしく思ってくれます。その証拠に返事には，「うちの子のいいところなんて…」と書き始めながらも，枠いっぱいによいところを書いてくれます。また，担任と保護者が自分のよいところを共有してくれると，子ども自身もうれしくなると思いませんか。

　この学級通信が保護者との，そして子どもとのいい関係をつくる第一歩になると思います。

3 指導のポイント　自分に合ったネタを

(1) 自分に合ったネタを

　実は，ここで紹介したネタの多くは先輩方から学んだネタを自分なりにアレンジしたものです。黒板メッセージは山口の中村健一氏[*1]，折り句は新潟の赤坂真二氏[*2]，4択クイズは埼玉の岩瀬直樹氏[*3]です。

　初日に使えるネタは山ほどあります。実践するネタはみなさんのオリジナルでなくてもかまいません。素晴らしい実践はどんどん共有していくべきだと思います。

　しかしネタを決める時に注意することがあります。それは次の二つです。

> 1．自分の方針に合ったネタなのか
> 2．自分のキャラクターに合ったネタなのか

　私は初日を，子どもたちが「今日は楽しかった。担任の先生は面白そうな人だな。明日も学校が楽しみだな」と思う日にすると目標を立てました。そして，その活動が自分のキャラクターに合っているかを大切にしました。私は，子どもたちの前では賑やかです。一方，もう37歳ですので立っているだけである種の威圧感があります。これが私のキャラクターです。よって，楽しさと近づきやすさを感じられるネタを選択しました。

　出会いはこの1日ですが，子どもたちとの生活は1年間続きます。1日の無理は利きますが，1年間は利きません。無理せず，自分のキャラを大切にしましょう。明るさに強みをもっている人は明るさを，優しさを強みにもっている人は優しさを，それぞれのキャラの強みを出す活動をしましょう。

(2) 注意よりも賞賛，賞賛よりも感謝

　始めに私の学級開きの失敗談を書きました。私はかつて安心安全な学級を目指すことを示すために，統率者としての威厳を見せ，望ましくない行為は

注意していました。

　しかし，今はそのような方法が最善だとは思いません。人は認められ，大切に，必要に思われた時にこそ，その場が安心で安全な場であると感じ，他者にもそのようにしていこうと思うのだと考えます。

　よって，私は威厳を示したり注意をしたりすることよりもほめること，そして，ほめること以上に感謝を伝えることを大切にしたいと思っています。これは，初日だけに限ったことではありません。1年間を通して大切にしたいことです。

　なぜならば，私たち学級担任は学級経営の責任者であると同時に，学級の子どもたちと同じ方角を向き，理想の学級を目指す同志であると考えるからです。同志であるからこそ，学級の理想に向けて行動してくれる姿に感謝の意を表していきたいと思っています[*4]。

（大島　崇行）

【参考文献】
*1　中村健一『子どもも先生も思いっきり笑える73のネタ大放出！』黎明書房，2009
*2　赤坂真二『スペシャリスト直伝！　学級を最高のチームにする極意』明治図書，2013
*3　岩瀬直樹・ちょんせいこ『よくわかる　学級ファシリテーション①』解放出版社，2011
*4　水落芳明・阿部隆幸『成功する『学び合い』はここが違う！』学事出版，2014

4 学級開きは「期待感」を高めることに徹底する

1 期待感を高める

　新年度，学級を開く時に最も大切にしていることは，「子どもたちの期待感を高める」ということです。もっと具体的に言えば，

> 「今度の先生はなんだか楽しそう。面白そうだぞ」
> 「この先生はクラスをビシッとまとめてくれそうだな」
> 「この先生なら安心して学校に来れそうだ」

と思わせることです。
　決して「前年度の担任を否定する」とか「前年度の担任よりよく思われたい」とかいう話ではありません。期待感を高めることで，子どもたちがやる気になる，教師との関係がスムーズにつくれる，新年度のスタートダッシュがうまくいくということにつながるからです。
　そのためには，子どもたちが昨年度までどのような学級で過ごし，何を求めているのかを把握しなければなりません。例えば前年度，規律やルールが曖昧で互いを非難するようなクラスにいた子どもたちを前にして，新担任が冗談を言ったり，子ども同士がふれあうようなゲームを行ったりしても，期待感は高まりません。そのようなクラスは，クラスメイトから侵害されない，ルール違反に毅然と指導してくれる担任が安心感を与え，期待感を高めます。その意味で，前年度から引き継ぎや情報収集を確実に行うことが大切だと思います。
　そして，もう一つ。自分自身のキャラクターを客観的に理解することです。人間には「父性」「母性」「子性」の三つがあると言われていて，割合の違い

はあれども，すべての人に三つの要素が備わっているそうです。

人がもつ三つの「性」

　普段，学校にいる時の私は，体が大きく強面なこともあり，圧倒的に父性が強く見られがちです。おそらく初対面の人が私を見たら，「この先生，怖そうだな」というふうに見えるのではないでしょうか。学級開きでは，このバランスを子どもたちに合わせて変える必要があります。特に，一番初めの出会いですから，私の場合は極力，父性は出さないように心がけ，母性と子性をアップすることに努めます。

　具体的には次のような方法で母性と子性の割合を上げます。

- ・終始笑顔でいるようにする【優しさ】
- ・いつもより少しゆっくり話す【安心感】
- ・笑いをとるような冗談やものまねを話の中に入れる【無邪気】
- ・子どもたちが好きなアニメ，ゲームの話をする【親しみ】
- ・自己紹介の好きな食べ物「たまごボーロ」【親しみ】

　そして，初日の出会いを終えると徐々に父性を高めていって"いつも通りの自分"に戻ります。ちなみに私は，自分自身を　父性：母性：子性＝5：1：4くらいの教師だとメタ認知しています。もちろん，指導場面や状況に応じて，その割合は変化させますが，およそこの通りです。冗談やバカみたいなことを言っては，子どもたちから突っ込まれたりなんていうことが日常茶飯事です。みなさんはいかがでしょうか？　もし，自分自身の三つの性が自分ではわからないという場合は，職場の同僚に聞いてみるといいかもしれ

ません。それも，複数人に聞いてみるとご自身の傾向が見えてくるのではないでしょうか。

2 期待感を高める学級開き　完全シナリオ

(1) 黒板メッセージで迎える

　子どもたちも新年度がスタートする時には緊張感があるものです。まして学級編制がある場合には不安もあることでしょう。そういった心配を打ち消し，期待感を高めるために私は黒板を活用します。よくメッセージを書いたり，提出物等についての指示を書いたりすることがありますが，私は大きく絵を描きます。しかも子どもたちの好きなマンガや人気の芸能人の顔などです。うまくはありませんが，雰囲気が伝われば子どもたちは喜んでくれます。

黒板に描いた絵

　「連絡帳と新しい雑巾を先生の机の上に出しておいてね」とか「机に貼ってある自分の名前を確認して静かに座っていてね」という連絡事項も大切で

すが，私は，これから始まる1年間にワクワク感と楽しみだなという期待感をもたせることを重視します。ですから，

「6年2組31名の選ばれし者たちよ。君たちがここに集まったのは偶然ではない，運命なのだ。これから君たちと私とで伝説の1年間をつくるぞ！」

なんて，ちょっとクサイ台詞と一緒に黒板メッセージを作成しています。

(2) 自己紹介

> みなさん，おはようございます。私のことを知っている人？（みんな手を挙げる）はい，ありがとう。私の名前は畠山明大です。名前の通り，明るく心の大きな人になりたいと思っています。ところで，私の名前を漢字で書ける人いる？（黒板に書いてもらう）よく書けたね。実は私の名前，一見難しそうに見えますが，分けていくと「畠山明大＝白＋田＋山＋日＋月＋大」となり，全部1年生で習う漢字です。簡単ですからぜひ覚えてくださいね。あっ，そうそう。「大」には「、」を付けちゃだめだよ。
> 「明犬」とか「明太」になっちゃうから。
> 〜途中，好きなアニメやスポーツの話〜
> 優しい妻と可愛い娘が2人いる，たまごボーロとコーヒー牛乳をこよなく愛する30代です。みんなと素敵なクラスをつくっていきたいと思っています。どうぞよろしくね。

上の紹介の中で子どもたちに挙手させる場面が2回あります。そこで子どもたちを観察します。このクラスにどれくらい挙手できる子がいるのかは，クラスの雰囲気や様子を理解するうえで重要なヒントになります。また，しつこいくらいに名前の説明をしていますが，すべての子に最低限，名前だけは覚えてもらおうという意図です。各家庭に帰った時，家の人から「今度の先生は何ていう人？」と聞かれて答えられないと可哀そうですから。

自己紹介の途中には，好きなアニメやスポーツ，歌などできるだけたくさんの情報を子どもたちに伝えます。それは，共通の趣味や好きなものが似て

いると子どもたちがそれをネタに話しかけに来てくれるからです。初日，さようならをした後に，「先生，○○のドラマ見ているの？」「先生，オレも野球やってて，△△選手が好きなんだ！」なんて子どもが近寄って来てくれたら成功です。時間にすると5分程度の自己紹介ですが，私はかなり重要視しています。

(3) T－Cをつなぐ「ぽいトーク」

次に，T：教師とC：子どもとのやり取りを楽しみましょう。今度は，子どもたちにもしゃべってもらいます。一人ずつ指名し，担任を見たイメージで「○○っぽい」と発表してもらいます。最初に考える時間を数分取り，その後はテンポよく指名⇒発表を繰り返します。面白い発表をした時には大いに笑って，教室の雰囲気を温めていきます。

> 担任：はい，ミナコさん。
> ミナコ：怒ると怖いっぽい。
> 担任：はい，シュンさん。
> シュン：色が黒くて，スポーツマンっぽい。
> 担任：正解！　はい次，ケンゴさん。
> ケンゴ：足がクサイっぽい。
> 担任：（笑顔で）おいっ！　そりゃないよぉ～（教室に笑い声）。

これも回答内容から子どもたちが見えてきます。「まだ少し緊張しているかな」「初対面から足がクサイって言えるから，結構やんちゃな子かな？」と予測するわけです。

(4) C－Cをつなぐ「チームじゃんけん」

教師と子どものつながりを見た後は，子ども同士（C－C）の活動もやってみます。私がよく行うのは「チームじゃんけん」です。ルールはとっても簡単ですが，やってみると意外と難しく，子どもたちは白熱します。ここ

でも，子どもたちの様子をよく観察すると，いろいろなことが見えてきます。

《ルール》
- ペアをつくり，じゃんけんをする。「あいこ」になったら1ポイント
- じゃんけんを1回するごとにペアを替え，じゃんけんを続ける
- 3ポイントになったら自分の席に戻り座る
  ※座った人も，立っている人とじゃんけんをしてもよい
- できるだけ短い時間で全員が座る

　子どもたちがゲームに参加している様子をじっと観察します。私は以下のような視点でこのゲームを観ています。
- 男女の交流はあるか（男女が仲良くじゃんけんしているか）
- 友達と交流できない（苦手な）子はいないか
- 友達を助けようとしたり，ゲームがうまく進むような声かけをしたりする子は誰か（他者や集団への貢献）
- ルール違反や侵害的な言動をしている子はいないか

　何回かゲームを繰り返すと，当然タイムは縮まります。タイムの短縮が実感できるので，「いいクラスになりそうだ」という期待感が高まります。また，ゲームがうまく進むように「○○ちゃん，じゃんけんしよう！」などと集団への貢献をする子は評価して全体へ広げます。最終的には「みんな，チョキ出そう！」などと言う子も出てきますが，それもOKにしています。みんなでアイデアを出し合ったら，協力したら，こんなにタイムが短くなったと思わせることの方が大切だと考えています。「先生が過去に担任したクラスの最高は○秒だったよ。君たちはこの記録破れるかなぁ〜」なんて言うと，さらにやる気を出して取り組みます。

(5) 『チャッチャ拍手』でイニシアチブを握る
　ここまで来ると教室の空気はかなり温かくなっています。そこで，それを落ち着けたり，さらに温めたりするために拍手をします。ただの拍手ではあ

りません。『チャッチャ拍手』です。子どもたちに拍手をさせ，『チャン，チャッ　チャッ　チャッ』とリズムをとって拍手をおさめるものです。テレビでよく芸能人の方がやっているあれです。

　この拍手のよさは，教師が教室という空間でイニシアチブを握ることができるということです。教師のチャッチャ拍手一つで，教室を盛り上げたり，静めたりすることができるのです。しかも，教師による指導言ではなく，ただの「拍手」です。「もっと元気に！」とか「静かにしなさい」と言わずとも教室の空気を統制することができます。

(6)　**所信表明**
　自己紹介から，ぽいトークでかなり教室の雰囲気が温まりました。そこで最後にちょっとまじめに，担任としての思いや願いを子どもたちに語ります。いわば担任による所信表明演説です。

１．伸びよう・伸ばそう
　学校は勉強するところです。国語や算数だけが勉強ではありません。人とのかかわりや礼儀作法も学びます。どんな場面でも「伸びたい」「成長したい」という意欲をもってほしいです。私も，そういった意欲のある子には全力で応えたいと思っています。また，同じ教室で学ぶ仲間の成長にもかかわってほしいです。それを私は「協同」と呼んでいます。自分自身が「伸び」，仲間を「伸ばす」。そんな31人であってほしいと願っています。

２．世のため人のために行動しよう
　最高学年です。人のこと，クラスのこと，学校のこと… 広い視野をもち人々に貢献できる，それを喜びとする人たちになりましょう。

３．人のよいところを見ていこう
　いろいろトラブルはあるでしょう。しかしプラス思考で，それをたくましく明るく，乗り越える人たちになってほしいです。世の中「完璧」を求めても手に入りません。「ないものねだり」でなく「あるものさがし」をしましょう。

もしクラスが前の楽しい活動から，まだ少しざわついているのであれば，静かになってから話し始めます。そして，直前までの楽しい雰囲気から少し変えて，ここは落ち着いてしっとり，ゆっくりと話すようにします。

3　時間は与えられるものじゃない，つくるものだ

　学級開きの時間は長ければ長いほど，様々なことができますし，子どものことが見えてきます。ですが，始業式もあり，配布しなければならないプリントや教科書などがたくさんあることも事実です。学校事情によっても「ゆったりと学級開きをしている時間なんて…」という方がいらっしゃるかもしれません。

　無理をする必要はありません。可能な限り時間を捻出し，その中でできることをすればよいと思います。例えば，配布すべき教科書やプリント類は前日のうちに子どもたちの机の上に配っておけば，その分の時間が自由に使えます。本来の意図や目的を無視して，活動ばかりをつめ込んでは，かえって逆効果です。

　学級を最高のチームにするためには，大事な大事な「学級開き」ですが，焦ってあれもこれもと欲張る必要もありません。

（畠山　明大）

第5章

一人残らず笑顔にする学級開き
中学校

完全シナリオ

# 笑顔と安心で学級開き◎!!

 私にとって「学級開き」とは…

(1) 学級開きで大切にしていること

　毎年学級開きの時に大切にしていることが二つあります。
　一つ目は、修了式の日に「どんな生徒に成長しているか」を具体的な姿でイメージすることです。そして、その姿を生徒に語り、伝えることです。
　私はここ数年「自他の成長のために協同できる生徒の育成」をゴール像に置き、「人のために汗を流せる生徒」「自分たちの日常生活を自ら振り返り、修正・改善策を考え行動に移すことができる生徒」に育てるべく、指導しています。学級開きの前に、クラスのゴール像をイメージしておくことは非常に大切です。ゴールイメージをもっていると、学級の実態を把握し、そこから、ゴール像へ向けての指導過程を練ることができます。また、年度途中で、指導の修正や変更も可能になります。
　実際に生徒に会ってから指導方針を決めるという方法もありますが、私は生徒に会う前に自分の指導方針を決めることにしています。
　二つ目は、生徒がクラスに対して安心・安全を感じて過ごせるようにハード（教室環境）とソフト（心理的距離）の環境を整えることです。
　学級開きを迎える教師はもちろん、生徒も新たな生活に向けて希望や期待をもっています。しかし、それと同じくらいの不安や心配をもっています。ですから、生徒が「このクラスでなら、１年間頑張れそうだぞ！」と思えるように配慮することが必要です。
　特に、今年度（平成26年度）は１年生を担任することになったため、生徒にとって安心して学校生活が送れるような環境を整えることを意識しました。

それは，中1ギャップを考えたからです。小学校を卒業し，新たなステージに上がってくる生徒には必要不可欠であると考えたからです。

(2) 学級開きで伝えたいこと

　私がいつも生徒に伝えること，それは「あなた（生徒）に出会えたことに『ありがとう』」ということ，そして，「あなたを『大切にします』」ということです。

　今年度，担任した生徒にはこの思いを学級通信に込め学級開きの初日に読みました。以下の文は，私の学級通信からの引用です。

> 『0.00000000000000006％』
> この数字が何を表しているか知っていますか？　先生が調べてみました。
> （中略）
> 　今，ここに集まっている1年6組34人は「出会う」という奇跡に恵まれました。先生はそれに心から「ありがとう」と言いたいです。
> 　新しく中学校生活をスタートさせたみなさんに伝えたいことは，本当にたくさんたくさんあります。でも，今日は一つだけ。それはこの1年間，久下先生は1年6組34人を「大切にする」ということです。
> 　大切にする…一言で言っても，その捉え方は様々です。ですから，今から伝えることは先生が考える「大切にする」ということです。覚えておいてください。
>
> > 　私はみなさんを大切にします。
> > 　ですから，みなさんが笑顔になれるように一緒に笑います。
> > 　私はみなさんを大切にします。
> > 　ですから，みなさんのいいところをたくさん見つけます。
> > 　私はみなさんを大切にします。
> > 　ですから，みなさんが一つにまとまるために，一緒に努力し，汗を流します。
> > 　私はみなさんを大切にします。
> > 　ですから，みなさんが毎日『学校に来たい！』と思えるような教室の雰囲気をつくります。
>
> 　今日から始まる第1学年204日の日々。1日1日は毎日必ずやってきます。ただ，それを流れゆく川のような日々にはしたくありません。共に笑い，共に喜び，共に努力し，共に成長できる…平凡な毎日をゆっくり誠実に積み重ねていき，204日後には今日より一回りも，二回りも大きく成長している34＋2（→担任の久下先生と副担任の○○先生）人になっていてほしいなと思います。
> 　みなさんに出会えたことに心からありがとう！
> 　さぁ，一緒にすばらしい日々をつくりあげていきましょう。

大切なことは「自分の思いを自分の言葉で伝える」ことです。初対面の教師と生徒をつなぐもの，それは「自分のことを『大切』に思ってくれているのだな」という相互の信頼関係であると考えます。学級づくりとは，まず，教師が生徒を大切にし，信頼するところから始まると考えています。

2 笑顔と安心で学級開き

　前述の通り，今年度は中学1年生の担任でしたので，当該学年を想定した学級開きを紹介したいと思います。

(1) 笑顔でお出迎え！

　新年度初日，担任発表後，生徒は自分の教室に入ります。初めて入る校舎に戸惑う生徒を教室でいち早く待ち受けます。
　そして，緊張の面持ちの生徒を笑顔で迎えます。
　生徒は中学校の教師に対して「恐い」とか「厳しい」といったイメージをもちやすい傾向があります。笑顔で迎えることで，そんな生徒に対して，教師としてというより人間味を感じさせることができます。

> よく来たね。ようこそ，○○中学校へ!!　今日から1年間頑張ろうね！
> 今日から，よろしくね！

　言葉よりも表情を意識します。表情が生徒に伝えるメッセージは計り知れないものがあると考えています。ですから，言葉よりも「笑顔」で迎えることを大切にします。

(2) 全員に成功体験を積ませ，学校生活への安心感をもたせる

　生徒が教室に全員揃った後，

> 今日から，このクラスの担任になった久下亘です。1年間よろしくお願いします。

と，簡単に自己紹介します。そして，続けます。

> 今，みなさんはほとんどの人がすごく緊張していると思います。先生だってそうです。ほら，緊張しているように見えるでしょ？（…全く，余裕の表情で言い切ります！）あら，そうでもない。でも，緊張しているんだよ。
> さて，詳しいことは，また後でやるとして，まずはみんなに「中学生」としての最初にして大きな仕事を成功させてほしいと思っています。それは，「入学式」です。
> 中学生になって最初の仕事。成功させたいよね。先生もその思いは同じです。絶対に成功させたいし，「今年の1年生は違うな」なんて言ってもらえたら最高だね。
> みなさんには入学式後に「よし！ 今日からしっかり頑張ろう！」という思いをもってもらいたいから，これから，説明することを真剣に聞いてくださいね…。

この後，全員をその場に立たせて入学式で必要な動きなどを確認しました。

①入学式の意味の確認
入学式は人生で数回しかない自分が主役となる晴れ舞台であること，そんな我が子の晴れ姿を保護者の方はとても楽しみにしていることを話します。

②入退場の練習
自分の隣が誰で，前後は誰なのかを互いの顔を見合わせて確認します。そして，晴れ姿を楽しみにしている保護者のために，胸を張って堂々と歩くこと，主役の顔をしっかりと見てもらうためにいつも以上にゆっくり歩くことを話し，練習をします。できるようになるまで繰り返します。

> ③返事の練習
>   入学式で主役になる場，それは入学者呼名の時の返事です。小学校の卒業式でもそうだったように，一人一人が本当の意味で主役になれる瞬間ですから，これを失敗させないために，名前を呼び，返事の練習をします。声がしっかりと出るようになるまで繰り返します。

　入学式までの時間は長くても30分ほどです。ですから，入学式で生徒が目立つポイントに絞って指導をします。
　そして，入学式での大役を終えて，教室に戻ってきた生徒に

> 練習通りにしっかりとできたね。とてもいい入学式だったよ。頑張ってくれてありがとう。最高のクラスになりそうな予感がするな。

と言って，生徒の頑張りをほめ，初めての成功体験の喜びをみんなで拍手をして讃え合います。
　ここで大切なことは，必ず成功させるということです。そして，そのためにやるべきことをできるようにすることです。
　段取りを踏んで細かく説明することも大切です。しかし，生徒が不安に思っていることを，実際に練習して，できるようになるまで繰り返して，行事本番は安心して取り組める状態にすることの方が大切です。成功を通して，学校生活に向けての安心感をもたせることが，この先のさらなる成功につながる鍵になります。

(3)　自分の意志で自己紹介

　学級開き2日目。まだ，緊張感のある生徒ですが，自己紹介をしてもらいます。生徒があらかじめ準備できるように，自己紹介の時間や内容を知らせておくことを忘れてはいけません。

> さて，これからみなさんには自己紹介をしてもらいたいと思います。

> 　昨日，お願いしたから，準備はばっちりですね。始めてもらう前にもう一度確認しておきますね。①名前　②出身小学校　③中学校生活で頑張りたいこと　④みんなへのメッセージでしたね。

と話します。そして，ここで付け加えます。

> 　昨日しっかりと入学式を成功させることができたみなさんに，今日は新たなミッションを与えたいと思います。それは，「自己紹介の順番は自由だということ」そして，「チャイムが鳴るまでに全員が自己紹介を終わらせること」の二つです。さて，みなさんはできるかな。

と言ってからスタートします。

　昨日の成功体験がある生徒はやる気満々。スタート早々，トップバッターの生徒が名乗りを上げてくれました。時折，間が空いてしまうこともありましたが，最後のチャイムが鳴り終わるまでに成功させることができました。
　大切なのはここからです。

> 　さすがですね。2日目にしてすっかりチームとして動いていますね。先生がみんなの様子を見ていてすごいなと思ったことが二つあります。
> 　一つ目は，全員がミッション達成に向けて協力できたことです。その証拠に時間内に終わりましたよね。
> 　二つ目は，なかなか出られない人に「頑張れ！」と声をかけてくれる人もいましたね。みんなのとても素敵な面がたくさん見られたことがうれしかったです。
> 　やっぱり，このクラスは最高だな。協力できたみんなに拍手‼

と話して，この活動を評価します。

　教師の側から提示した課題に向けて一生懸命頑張ってくれたこと，そして，その課題の達成に向けて協力，貢献してくれたこと，クラスでまた一つ，課題が達成されたことをフィードバック（評価）することは，生徒を「大切」

にしている行動の表れであると考えます。
　評価というと，成績や点数を付けることだけのような印象がありますが，教師が求めたことに対して参加してくれたこと，その中で望ましい行動が見られたことに対して，教師の感情を含めて思いを言葉にして伝えることも評価には必要です。それが，生徒との「心的距離を縮める」ことにつながると考えます。

(4)　黒板メッセージで自分の思いを伝える！
　生徒に安心感をもって学校生活を送ってもらえるようにするために，教室環境に配慮します。いろいろありますが，その中でも，私が力を入れているのは「黒板メッセージ」です。
　例えば，中学校では生徒全員と話をすることができないことがあります。また，生徒の様子を見たいけれど，忙しくてなかなか見ていられないこともあります。そんな時に「黒板」を用います。
　学級開きから3日目の朝，黒板に

> 「ボランティア急募!!　教科書を運んでくれる人，若干名！　我こそは!!　という人は8時に職員室前に集合！」

と書いておきます。
　すると，定刻よりも早くから続々と集まってきます。まずは，その生徒をほめます。その時に，

> 「ありがとう。とっても助かるよ！」

と一言添えてあげましょう。その一言が大切です。
　そして，翌日，再び黒板で

> 昨日，教科書運びを手伝ってくれた○○君，○○君，○○さん，○○さん，…，本当にありがとう。人のために汗を流して動いてくれる人がこれだけ多い

> ことに先生はとてもうれしく感じました。
>   今回は,お手伝いはできなかったけど,「手伝おう!」と気持ちを見せてくれたみなさんありがとう。
>   このクラスのよさをまた一つ見つけることができて本当にうれしいです!
>   今日はどんなうれしいことがあるかな…。それを楽しみに今日1日頑張りましょう。

と書きます。動いてくれたことに対して,そして,実際に動けなかったけれど,動こうとした生徒すべてを認めることができます。

3 指導のポイント　成功のために絶対に外してはいけないこと

　学級開き成功のために必要なこと,それは「安心感」の一言に尽きるのではないかと考えます。どの学年にも必要なことですが,下学年を担任することになれば,なおさら必要です。

　新年度に向けて,やる気と期待の裏側にある生徒の不安や心配をいち早く払拭させること。しかも,最大限の丁寧さをもって対応し,払拭させてあげることです。不安がなくなれば,生徒は「安心」して何事にも取り組むことができるようになります。

　どのような指導でもそうですが,教師の指導に対して「安心感」さえあれば,生徒は納得して動いてくれますし,逆に,教師の意図通りに動けないことがあれば,それはどこかに生徒の不安や心配が隠れているのかもしれません。

　ですから,教師は指導を行うにあたって,「どうすれば,生徒が安心して活動できるか」をできるだけ細かくイメージし,一つ一つ丁寧に指導方法を練っていくことが必要であると思います。

　「安心感」をもたせるための最大限の丁寧な指導。
　これが私の学級開きにおける成功のポイントだと考えます。

（久下　亘）

# 2 「愛と誠」で信頼関係をつくる

 学級開きにおいて大切にしていること

ズバリ，次の一点に集約されます。

生徒が「この先生の言うことを聞いていれば，大丈夫」と思うこと

河村茂雄氏の調査によると，「先生の言うことは聞かなければならない」という質問に対して「あまりそう思わない」「まったくそう思わない」と答える小学生が2割，中学生では3割にも上るそうです[*1]。つまり，教室の3分の1の生徒は「先生の言うことなんて守らなくていいや」と思っているということになります。その昔は，児童生徒が「先生の言うことは聞かなければならない」「先生の言うことだから正しい」と思っていた時代があったのかもしれませんが，今はそうではないのです。

だから，私は，まず生徒が教師の指示や説明を聞ける状態をつくらなければいけないと考えています。どんなに素晴らしい活動や発問を準備していても，生徒が教師の言うことを聞かなければいけないと思っていないと，活動自体が成り立たないからです。

よく，「何を言うかではなく，誰が言うかが大事だ」と言われます。

とすれば，学級開きにおいて，生徒が「この先生の言うことなら間違いないかな」「この先生の言うことなら聞いておこうかな」と思うことが何と言っても大切だと私は考えます。生徒の心が，先生の方を向いている状態をつくるのです。

そのために，学級開きにおいて必須のこととして，教師には次の二つの姿勢が求められると私は思います。

> ① 生徒たちのよいところを見つけ出しほめ，認める。
> ② 生徒に対する愛と誠を示す。

　①に関しては，従来も言われてきたことです。生徒との信頼関係をつくる上で，「ほめて，ほめて，ほめまくる」ことが肝要だとおっしゃる先生もいらっしゃいます。私もそう思います。しかし，「ほめる・認める」ことには，もう一つ，大きな意味合いがあると考えます。それは，教師が「ほめる・認める」ことを繰り返せば繰り返すほど，生徒たちに対して暗に「教室における評価者は教師であり，教室で起きることの評価権は教師にある」と伝えることになるということです。「ほめる・認める」という指導行為は，ヒドゥン・カリキュラムとして「教師が評価権を握っている」ということを生徒に教える機能をもっています。教師の権威を認めない生徒が多い中，「ほめる・認める」という指導がもつ，教室（学校空間）における教師と生徒の上下関係をソフトな形で伝えていけるという側面を重視しなければならないと思います[*2]。

　ただ，生徒にとって魅力的な教師，魅力的とまではいかなくても，生徒が一目置く教師でなければ，「ほめる・認める」言葉も，生徒の胸には届かないでしょう。だから，学級開きにおいては，「先生は，君たちに会えるのを心待ちにしていた！　君たちに会えて，無条件に，ただただうれしい！」という，教師の愛を伝えねばならぬと思います。特に格好をつける必要はないと思います。むしろ虚飾を取り去って「私はこんな人間だ」とまずは教師が自己開示するというように誠を尽くして，できることを精一杯やればいいのです。「ああ，私たちのために，こんなに一所懸命頑張ってくれるんだ，先生は！」と，生徒が思うような，そんなことをすればいいのです。

　一所懸命に生徒のためを思って愛と誠を全開にして頑張る，そんな姿を学級開きで見せることが，生徒からの信頼を得る道なのではないかと思います。

2 「愛」と「誠」で信頼関係をつくる学級開き

　以下に，中学校1年生向けの学級開きを紹介します。このシナリオは，平成26年度の私自身の実践に手を加えたものです。
　ちなみに，私の勤務する中学校では，1年生は入学式後，1時間の学活を終えて下校することになっています。その1時間の学活の中で，すべての教科書が揃っているかの確認，提出書類の確認，そして翌日以降の日程の説明をしなければならないので，担任が自由に使える時間は10分から15分といったところです。また，入学式後の学活ですから，教室にはすべての生徒の保護者もいらっしゃるという設定です。

(1) **まずは，生徒の頑張りを見つけ出して「ほめる・認める」！**
　入学式後，生徒を体育館から誘導し，いったん教室に入れて，出席番号順に座らせます。おもむろに生徒を見回してから，次のように切り出します。もちろん，満面の笑みをたたえて，です。

> みなさん，お疲れ様でした！
> 　今回の入学式の評価をします。今回の入学式，100点満点で言うと，150点でした！　本っ当に，素晴らしかった！　全員が顔を上げてぴしっと座っている，ちょっと練習しただけの答礼は完璧，おしゃべりする人はゼロ，…僕は，なんて立派な生徒たちなんだろうと，感動しながら見ていたんですよ！
> 　実は，先生，入学式前のお話で「生徒会長が『歓迎の言葉』を読み上げる時には椅子から立って，椅子を百八十度回して，先輩の方に向き直って座るんだよ」というのを言い忘れていました。で，式が始まってからそのことに気付いて，「うわっ，しまった！　一つ指導し忘れてた…！　この子たち，うまく動いてくれるかな…」と，内心ドキドキしていたんですよ…。でも，みんなは司会の先生の指示に従って，とっても整然と回れ右をしていました。

> 僕，感動しましたよ！

　上記は，たまたま，私の担任した学級の生徒たちがそのような状態だったということなのですが，まずは，生徒の入学式での頑張りをほめて，認めます。「評価をします」と言うと，生徒は緊張した表情をしていましたが，「150点でした」と言うと，満面の笑みになった生徒が何人もいました。
　このように，まずは，生徒のよいところを見つけて評価しようという姿勢をもって，生徒と対面することが大切だと思います。
　また，最初から「評価をします」と宣言して，教室における評価権は教師にあるのだということを暗に宣言しています。この場面，宣言の後にくるのがプラスの評価だから生徒たちは素直に受け入れるのだと思います。最初は，意地でも生徒たちのよいところを探してやるべきだと私は思います。
　さて，時間を指示してトイレ休憩をとりましたが，トイレ休憩の後にも，次のような語りを入れました。

> 先生は，「10時40分まで休憩です。40分にはこの状態で座っていてください」と指示を出しました。ところが，今，38分なのに全員席に着いています。君たち，何と素晴らしい生徒たちなんだ！　本当に，君たちと一緒に過ごす1年が楽しみになりましたよ！

　ここでも，たまたま生徒たちが2分前に全員座っていたので上記のような言葉になりましたが，ほめたり認めたりできるところは，どんどん口に出して，心からほめたり認めたりすることが大切だと思います。この場面では，たとえ全員が時間内に座れていなくても，座っていた生徒をほめる，時間に遅れたけれどもあわてて座ろうとした生徒を認める，「時間だよ」と声をかけた生徒をほめる…，などなど，その場で見取った生徒の頑張りを見つけ出して，何かしらほめて認めるようにします。

(2) 自己紹介はシンプルにユーモアを交えて

　実際の学級開きでは，生徒が席に着いたあたりで保護者の方が揃われましたので，保護者の方に向けて簡単な挨拶をし，入学式での生徒の態度をほめました。保護者の方にも，「先生は，生徒のよいところを見ようとしてくれている」と思っていただきたいからです。

　保護者の方への挨拶を終えて，すぐに次のように言います。

> 　それでは，改めて，自己紹介をします。僕は，海見純と申します。「海を見る純粋な男」と覚えてください。決して，「単純な男」と覚えてはいけませんよ。「海を見る，ロマンチックで純粋なＡＢ型，海見純」です。よろしくお願いします！

　自己紹介は，シンプルに，かつユーモアをもってが基本だと思います。私は，上記の自己紹介を定番ネタにしていますが，自分自身の定番ネタをもっておけばいいと思います。

(3) 教師の一所懸命な姿を示す

> 　さて，僕の好きな言葉は『愛と誠の生徒指導』であります。ということで，今から，僕の「愛と誠」を示します！
> 　（と言って教室前方の物置の扉を開いて）
> 　…あ，こんなところにギターが！　あれえ？
> 　じゃ，いくよ。ワン，ツー，スリー，フォー！

　この部分は，歌ではなくてもいいのですが，教師が生徒のために特別な準備をしたのだとわかる活動がいいでしょう。たとえ特別な準備をしていなくても，最低限「先生は，君たちと出会えてよかったと，心から思っているよ！」という思いの伝わる活動なら，何でもいいと思います。

　私はこの実践の時，ＡＫＢ48の『ヘビーローテーション』の弾き語りをしました。最初から高い音は出ないとわかっていたので「１オクターブ低い音

域で歌おう」と思っていました。ところが，気合いを入れすぎて思わず原曲通りの高い音で歌い始めてしまい，さびで声が出なかったり裏返ったりしてしまうという，大変な失態を演じてしまいました。それでも，歌い始めてすぐに生徒からも保護者の方からも手拍子をしていただき，何とか最後まで歌いきることができました。最初は硬い表情をしていた生徒も，にこにこした顔になり，歌い終わった後には拍手までしてくれました。

　私としてはちょっと申し訳ないなと思い，「こんな下手な歌でごめんなさいね」と謝ったのですが，生徒たちは喜んでくれたようでした。生徒は歌の上手下手よりも，そこに込められた「君たちを心から歓迎しているよ！」という教師の思いを感じてくれたように思います。

(4) **配布物の確認で信頼感を高める**

　その後，改めて「１年間，よろしくお願いします！」と挨拶をしました。
　ここまでは，明るく，楽しく，元気よく，笑顔で一所懸命にということを心がけて進めてきますが，この次の語りからはあたたかい中にもぴりっとした雰囲気をつくりつつ，次のように言います。

> それでは，机の上にある教科書と配布物，提出物の確認をします。大切な確認ですので，保護者の方，お子さんの横に行って，一緒に確認してあげてください。

　実は，ここから後の確認作業というのは，保護者及び生徒たちの担任教師への信頼感を高める上で，非常に重要な活動になります。というのも，ここから後の説明の仕方がよければ「ああ，この先生の言うことを聞いていれば大丈夫だ」となるでしょうし，逆ならば「この先生，言ってることがよくわからないけど，大丈夫？」という印象を与えてしまうからです。言わば，その教師の授業力（説明する力，指示する力）が評価される最初の場面であるわけです。
　だから，ここから後の活動は，全員が説明を理解しているか，活動指示に

ついてきているかを確認しながら，慎重に進めるべきだと思います。

説明・確認に専念するためにも，前日の段階で生徒の机の上に教科書・配布物・提出物が整然と置かれていること（それらのもののチェック表が作ってあり，その順番通りに置かれていること）が必須の条件になると思います。もちろん，担任は前日に，どのように説明，指示するかということをシミュレーションしておきます。

基本的に，向山洋一氏の言う「一時一事の法則」「簡明の法則」「全員の法則」「趣意説明の法則」を踏まえて説明をしていきます[*3]。

> 教科書をすべて置いて，顔を上げます。話を聞きます。
> すべての教科書がありましたか？
> 今の時点でない教科書があれば，申し出ます。
> また，今の時点で乱丁・落丁があれば，申し出ます。
> さて，お家に帰ってから，もう一度落丁・乱丁がないか確認してください。乱丁・落丁がなければ，マジックで名前を書いておいてください。名前を書いてしまうと，乱丁・落丁があっても，取り替えてもらえませんからね。
> 確認をします。まずは，乱丁・落丁がないか確認します。次に，マジックで名前を書きます。新入生みんなが同じ教科書を使うわけですから，必ず，自分のものだとわかるように名前を書いておきます。保護者の方，一緒に確認をお願いします。

こうして文章に起こしてみると事務的な調子になりますが，表情は柔らかく，口調はあくまでも丁寧に語っています。また，教師の「全員，漏れがないように」という思いを前面に出し，いつでも私に対して質問できるような受容的な雰囲気で誠実に説明することを心がけました。

すべての場面で教師の愛と誠が溢れる学級開きを

この稿の最初にも書きましたが，結局，「何を言うかではなく，誰が言う

かが大事」なのです。「教育は人なり」ともいいます。

　「ほめる・認める」ことを通してルールをつくっていこうという指導においても，「自分の都合のいいように子どもたちを動かそう」という思いで指導すると，生徒に「ああ，先生は自分が楽をするために自分たちをほめてるんだな」と見透かされ，生徒から軽蔑されることにもなりかねません。そうではなく，「生徒たちみんなが安心して居心地よく過ごせ，そして向上的に変容できるようにしてやりたい」という愛と「すべては生徒のために」という誠の心から発せられる指導言であるからこそ，生徒が納得して指導を受けいれるのではないかと思います。

　結局，教師の愛と誠を感じた生徒が，教師に心を開くことで教師と生徒との間に信頼関係が結ばれ，その信頼関係が指導を効果的なものにするということが言えると思います。

　そう考えた時，今回の学級開きのシナリオの「2(4)配布物の確認で信頼感を高める」というのは，とても大切な時間であることに思い至ります。実は，そのようなちょっとした指導の際の説明のわかりやすさ，そして全員に理解してほしいという教師の熱意が，生徒や保護者からの信頼感を得ていく上で，非常に重要なのではないかと思います。指導の端々にこそ，教師の哲学が濃厚に表れるのです。

　事務的な連絡の中にも，「全員を参加させるぞ！」「全員に理解させるぞ！」という，教師の愛と誠が顔を出すのです。指導の端々にまで，教師の愛と誠が感じられる，そんな学級開きにしたいものです。

（海見　純）

【参考文献】
＊1　河村茂雄『データが語る②子どもの実態』図書文化，2007
＊2　評価権については，『「THE　教師力シリーズ」THE　学級開き』（明治図書，2014）の山田洋一氏の「評価権を握る」を参照のこと
＊3　向山洋一『授業の腕をあげる法則』明治図書，1985

3 筋書きをつぶされた学級開き

　子どもが希望に燃え，眼を輝かせて学級担任と出会う。そんな4月もあるでしょう。私の主張はちょっと違います。4月のスタート。そこには，教師の筋書き通りにはいかない現実もあるのです。

忘れられない学級開き　1時間目

(1)「岡田！　死ネ!!」の出迎え

　ある年の4月初日。学校はいわゆる「荒れ」の状態にありました。私は3学年からの要請もあり，自ら志願をして3年生の学級担任の一人となりました。私の受けもちの学級は，最上階の長い廊下の一番奥にありました。廊下の端にはおびただしい数のゴミ。弁当の容器，パックジュース，ガム，ティッシュ，菓子の空き箱…。ご丁寧に一緒に捨てられていたコンビニのレジ袋を携えて，私は一つ一つ手で拾いながら自分の教室へ向かいました。周囲の生徒はどのような思いで見ていたのでしょうか。「手伝います」と言いたそうな顔の子もいましたが，言い出せない雰囲気。それが，その当時の学年の雰囲気でした。

　自分の教室に着いた頃には，レジ袋二つがパンパン。「初日からこれかよ」少し気持ちは滅入りましたが，まぁこれも日常茶飯事。校舎内外のゴミ拾いは，当時の私の日課でもあったので，それほど気にはなりませんでした。教室後方ドアの前に立ち，一つ息を吐きました。新しい出会いを元気にスタートさせようと，口角をキュッと上げて，息を大きく吸ってドアを開けました。「おはよう！」生徒の顔よりも先に私の目に飛び込んできたのは，黒板いっぱいにノビノビと書かれた文字でした。

> 岡田! 死ネ!!

そこから私の学級開きは始まりました。

(2) 学級開きのシナリオを捨てる

　学級にいた生徒たちの反応は様々でした。「先生，あれ…」黒板を指さして私を心配そうに見る生徒，ニヤニヤしている生徒。しかし，それを消そうとする生徒がいなかったこと，いや消したい気持ちはあったとしても，それを行動に移せない雰囲気がそこにあることを感じました。

　「おおっ！　大歓迎だな，おい!!」と言いながら，私は教室に入りました。誰が書いたかは大方の予想はついていました。その年の前後は学校の秩序が不安定で，男女含めて15人程度の生徒たちが授業中の校舎徘徊や器物損壊を繰り返していました。地域からもたくさんの心配の声をかけられた時期でした。きっと，新しく学年に入ってきた担任を挑発したかったのかもしれません。今となれば彼らの気持ちもわからなくもありません。それまで彼らが「努力して」つくり上げてきた学校の「文化」を壊される危険性があります。3年生から担任になる教師は，彼らにとっての「外敵」と捉えられたわけです。私はこのようにして「歓迎」されたのです。

　初日に私がやりたかった学級活動。数日前からその内容を考えてありました。当日早朝出勤をして，黒板に歓迎メッセージを書きました。全員をフルネームで呼名。その用意はありました。自分の学級経営方針を語る。「二度と中学校生活を必要としない3年生になろう」締めの言葉も決めてありました。前年度の様子を聞いて，名前が挙がっていた生徒に仕事をさせて，「ありがとう」を最低3回は言いたい。何を依頼しようかも決めてありました。でも，私のメッセージを消されて，「死ネ」の歓迎を受けた段階で作戦を変えました。私は事前に用意してきた活動，シナリオ，雰囲気づくりの目標等，学級開きに関する事前準備をすべて捨てました。

　生徒たちを見ると，座席がいくつか空いています。あの生徒たちがいませ

ん。先に述べたグループの生徒たちです。数名の女子が数分遅れて，堂々と悪びれる様子もなく入ってきました。私は「おう，よろしくな」とだけ，彼女たちに声をかけました。残る空席は一つ。彼は校舎のどこかにいるはずです。「探しに行こうか」と一瞬迷いましたが，やめました。私はこの瞬間を「学級開きにとっての大きなチャンス」と判断したのです。

(3) **生徒の口で語らせる**

　私は拾ってきたゴミをレジ袋から拾い上げ，一つ一つ教卓の上に並べ始めました。生徒は「先生，何やってるんだ？」と言わんばかりの顔。しかし学級開き初日の緊張感でしょう。誰一人口を開く生徒はいませんでした。黙々とゴミを並べる私。教卓はあっという間にいっぱいになり，給食の配膳台も引っ張り出して並べ続けました。大切な大切な学級開きの初日。ここまでの数分間，ゴミを並べる担任と，その姿をながめる生徒たち。沈黙の数分間。私はすべてのゴミを並べた後，生徒に問いかけました。「これ，どう思う？」しばしの沈黙の後，続けて問いかけました。

> 「ゴミがたくさんの学校，好きですか？」
> 「みんなの考えが知りたい。一人ずつ教えてください」

　困惑した表情の生徒もいました。しばらく考える時間を取った後，私は教卓から全員の顔を見ながら，順番に指名し，各自の見解を述べさせました。「ん～，別に」「ダメなんじゃないの」「ゴミが多い学校は嫌です」正論を言う生徒もいました。正論をもっているんだろうけど，それを口にできない生徒もいました。「面倒くさい奴が担任になったなぁ」と言わんばかりに言葉を濁す生徒もいました。しかし約８割の生徒の意見は「ゴミが多い学校は嫌だ」というものでした。全員の発言が終わった後で言いました。「正直に教えてくれてありがとう。ほとんどの人がゴミのないきれいな学校にしたいって思っているんだね。それでいい。私も同感です。みんなでゴミのない学校にしていこうな」

少しうれしそうな顔をする生徒がいました。無表情を決め込む生徒がいました。目を合わせようとしない生徒がいました。まだ出会いの初日です。担任としてのメッセージを明確に伝え，それに対して大方の賛同を得られただけで，よしとしました。
　それにしても生徒の目が落ち着きません。そうです。私が背にしている黒板には「岡田！　死ネ‼」の文字が躍っています。生徒は，私がそれをどう扱うのかを気にしていたのです。私は敢えて「無視」しました。これは明らかな挑発だと感じたからです。それと同時に，一部の生徒たちが「自分たちのつくった空気（秩序への抵抗）」に障害となりそうな新参者に対して放った先制パンチだと感じたからです。でも，これって私のことを学級担任の一人として認めてくれているってことですよね。ですから私は「無視」しました。
　黒板をきれいにしたのは，授業後のことです。もちろん「お〜い，字がでかすぎる。誰か手伝ってくれ〜」と声をかけ，生徒と一緒に作業をしました。こうやって私は，最初の学活で集団の中で声を出さずに生活してきた中間層の生徒たちを味方に付けようとしたのです。

2　安心感と世論の形成

　今振り返って考えると，私が初日にやったことは二つあったのかもしれません。それは，

> 「安心感」を与えること。
> 「世論」を形成すること。

　ここで言う「安心感」は生活の安心安全というよりも，秩序の不安定な学校生活の中で自分を表出することなく生活してきた中間層の生徒に徹底的に注目して，彼らの承認感を高めることを指します。新しく来た担任に対して，「この人のところでなら自分を出しても大丈夫そうだ」と思わせることが目的だったのだと思います。

問題行動を起こす生徒はいつも注目されます。目の前で大きい音を出したり物が壊れたりするのですから，先生方が注目するのは当然のことです。しかし，その背後にはたくさんの生徒がいます。そして彼ら中間層の生徒たちは同質の人々ではありませんし，単層的な集団でもありません。学校生活が大好きな純粋でまっすぐな生徒，学校秩序にあまり関心をもっていない生徒，家庭が大変で学校に来るだけでも精一杯な生徒，問題行動を「余興」として楽しみにしている生徒など，様々な質の生徒たちで中間層は構成されています。この様々な立場の生徒に，自分の意見として校内のゴミ問題を語らせ，自分の立場と在り方を限定させる。「宣言させる」と言ってもいいかもしれません。そうすることで中間層の生徒を好ましい集団の方へ引っ張ったのです。みんなの前で自分の意見を話すのはかなり緊張します。しかも学級開きの初日です。ほとんどの生徒は校内のゴミを，ダメなものとして意見します。それほど関心がない生徒だって，周囲の意見にいい意味で流されて，それなりのことを言おうとします。そうやって，学級に「学校の中にゴミが散乱している状態に対する嫌悪感」がたくさんの言葉で語られる状態を演出しました。この空気こそが世論です。私は学級における「世論」をつくろうとしたのです。

3　A君のこと　2時間目

　その日は学級活動が連続で入っていました。2時間目。この段階で，事前に用意していた学活のシナリオはすべて捨て去りました。あまりにも学級の実態と合わないし，先にやるべきことがあると判断したためです。そしてもう一つ，学級の生徒たちに伝えなくてはならないことがありました。
　A君は学級にいるよりも，いわゆる逸脱行動をする生徒たちと行動を共にすることが多い生徒でした。当然，1時間目も2時間目も教室には来ませんでした。「これはチャンス！」と思い，こんな話をしました。
　「初日からなんかバタバタしてごめんな。でも，1時間目に（ゴミの問題

に対する)みんなの考えを聞けてすごくうれしかった。学校をよくしていきたいって気持ちがうれしかった。ありがとう。もう一つ,みんなに聞きたいことがある。今,A君がここにいないよね。あいつのこと,どう思う?」ここは敢えて問いかけるだけにしました。私の結論は決まっていたので,学級担任が語りかける場面にしました。伝えたかったのは,「あいつもみんなの仲間。気長に見てやってくれ」というメッセージでした。A君のことを知らない生徒はおそらくいなかったはずです。かなり目立つ生徒でした。だからこそ,A君に対して生徒たちそれぞれが様々な感情をもっていると予想しました。A君がすんなり新しい学級に入り込むとは思えませんでした。それくらい学級外の仲間とのつながりは強いものでした。「時間はかかる。でもA君がいなくちゃ,この学級は成り立たない」そんな伝え方もしました。そして,「あいつはきっとここに来る」という言葉で結んだような記憶があります。

学級開きに込めた意図

　先にも述べたように,この日のキーワードは「安心感」と「世論の形成」でした。そしてA君のエピソードから見えてくるものは,「所属感」です。
　「安心感」と「世論の形成」については先に述べました。「所属感」を私は次のように捉えています。
　中学生は部活動,学級,委員会活動など,複数の集団に居場所をもちます。自分が所属感を感じる場所は,学級＞部活動であったり,部活動＞学級であったりします。私は本人がその時,どこで充実した活動ができているかで,これは変化してよいと思っています。むしろ,思春期の彼らにとっては複数の居場所があることが大切だと感じます。
　しかし3年生の4月。この時ばかりはそんな悠長なことは言っていられません。部活動も引退して久しいです。11か月後にはこの仲間が義務教育最後の同志となり,共に高校受験を戦い抜いていく戦友にもなるわけです。

A君に話を戻します。この日，A君は「所属感」を感じる居場所を学級には求めなかったのです。だから彼は学級開きの場に参加しませんでした。彼が自分の「所属感」を求めたのは，学級外の仲間だったのです。それもかなりの強いつながりをもった仲間たちでした。新しい学級で所属感を感じさせる。それが担任としての私の責務だと感じました。そんな私の思いを生徒と共有したかったのです。A君を学級に戻してそこに「所属感」を感じさせるには，担任だけが頑張っても無理だと直感しました。だから私は生徒の力を借りようとしたのです。「気長に見てやってくれ」という語りにはそういう意味があったのです。私は学級開きで，次の三つをつくろうとしたのです。

① 「この人の話なら乗っても大丈夫そうだ」という『安心感』
② 「多くの人はこんなことを思うのか」という『学級の世論』
③ 「ここにいていいんだ」という『所属感』

5 私の「普通」の学級開き

　やる気に満ちた子どもたちとの出会いを活かす取り組みや，やんちゃな子どもたちを学級に引き込んでいくコツなどは，他の執筆者のみなさんにお譲りし，学級開きのかなりレアなケースをご紹介しました。そしてその中で私が感じた集団づくりスタート時の勘所を，私なりにお伝えしました。もちろん毎年このような学級開きをしているわけではありません。
　以下に私が普通の状態で行う学級開きのシナリオをご紹介します。
①初日は何があっても，基本的に笑顔で過ごす。
②担任紹介でどんどん自己開示。
③拍手はいつも全力ですることを生徒と共通理解し，練習する。
④申し送りで名前が挙がってきた生徒に仕事をさせて，「ありがとう」を必ず伝える。
　おおまかに言って，以上の四つが私の学級開き初日のポイントです。

これらは先に述べた「安心感」「学級の世論」「所属感」と無関係ではなく、同根の発想からきています。
　①の笑顔で過ごすのも②の自己開示も、生徒に「安心感」を与えるためのものです。③の拍手は「所属感」をつくるためにやっています。学級の生徒に共通の行動様式をもたせることが、彼らの学級に対する「所属感」を高めると考えます。私は拍手の音量にこだわりますが、どこにこだわるかは担任によってそれぞれでいいのです。「帰りの会が終わったら椅子をあげる」とか、「登校したら先生とハイタッチ」とかそれは学級担任が何を大切にして、それを学級づくりにどう活用したいかという思想に基づいていればよいと考えます。そして④の「ありがとう」も該当生徒に「安心感」を与える目的があります。問題行動傾向の生徒にしても、不登校傾向の生徒にしても「この人は自分のことをきちんと見てくれる」と感じさせることが目的です。
　では、残る一つの「学級の世論」はどうするか。これは２日目以降の仕事です。世論形成の土台は担任の「喜怒哀楽」の感情だと思っています。生徒全員に「この先生はこういうことで喜ぶんだ。こういうことで怒るんだ。」というふうに、担任の喜怒哀楽のラインが共通理解された時が、「学級の世論」の土台ができた時なのです。私は土台づくりのために、次の二つを重視しています。一つは担任の語りです。生徒の行動を観察し、評価し、きちんと価値づけます。なぜその行動に自分が喜ぶのか、または哀しむのか。担任の感情とセットにして生徒の行動を価値づけるのです。もう一つは学級便りです。生徒の行動への評価に担任の感情をセットにして、保護者とも学級担任の喜怒哀楽のラインを共有してもらえるようにするのです。
　学級開きから数日間で「安心感」「所属感」を子どもたちにもたせ、「学級の世論」の土台をつくります。その土台の上に子どもたち同士の関係づくりという土をさらに盛っていきます。１年後、その高く盛られた土を踏み台にして個人が各自の成長を自覚できる。そんな年度初めの数日間が、私の考える学級開きのシナリオです。

（岡田　敏哉）

4 誰にとっても居心地がよいクラスに

1 学級開きにおいて大切にしていること

　学級開きとは，生徒にとって新しいクラス・学年になり最初の出会いです。どんな仲間がいて，担任の先生はどんな人で…と生徒はわくわくしてこの日を迎えることでしょう。そしてどんなクラスになっていくのか，生徒にとってとても興味深いことであります。その興味を確信へと導くためには，自教室が安心できる場でなくてはなりません。まずは，この学級開きの1時間で，担任に対して安心感をもってもらわないといけません。初対面で安心させるには相当の労力を使います。ですが，この1時間を成功させるだけで，生徒の感想は大きく違ってきます。教師と生徒の縦糸をこの最初の1時間から結んでいく必要があると思います。そのためには，私たち教師をまず，信頼してもらわなければなりません。特に入学生を担任する場合は，保護者からの目線も気になります。保護者が見て信頼できる教師であることをこの1時間で印象づけないとなりません。ぜひ，準備万端にして臨み，私たち教師自身も，新しい出会いにわくわくしながら取り組みたいものですね。

　ですが，私は人見知りをする上にこれから自分が受け持つクラスといえど，緊張してしまいます。もちろん，生徒も緊張しているので，黙って話を聞くだけです。だからこそ，きちんと準備をして最初の1時間を迎えないとならないのです。時間が余ってもいけませんし，時間をオーバーしてもいけないと思います。そして次の日の学活からは，給食や清掃が始まり，日常生活を送るための準備をしなければなりません。4月の学活は，やることがたくさんあるのです。だから，1時間1時間を無駄にせず，4月の段階で3月のゴールイメージをもって取り組まなければならないと考えています。

〈目指すクラスのイメージ像〉

　この学級開きで私がメインにしていることは，３月のゴールイメージを自分が見通して，生徒にきちんと伝えることです。私はいつも，イメージしやすいように，何かに例えます。

　『森』のような学級

　これは森林浴という言葉があるように，生徒一人一人を木に例えます。木がたくさんあれば森になり，そこは居心地のよい空間が生まれると思うのです。そこに例えて，このクラスも森林のように，いる人を気持ちよくさせるクラスにしていきたい，という意味が込められています。

　『カラフル』なクラス

　カラフルは，多くの種類の色からできあがります。ですが，それが混ざってしまうと『カラフル』にはなりません。混ざることなく自分の色をしっかりと出してほしいという願いを込めています。

　『同じ強さがもてるクラス』

　クラスを箱に見立て，生徒一人一人の大きさを○で表しました。○の大きさが大きい人，小さい人がいては，それぞれの強さが均等ではありません。皆が自分の意見を主張し，同じ大きさでクラスに存在する，という願いを説明しました。

　これはほんの一例ですがどれも，「誰にとっても居心地がよい」ということをキーワードに考えています。

↑これでは，大きさがバラバラで居心地のいいクラスではない

2 信頼と結びつきを生む学級開き

完全シナリオ

(1) 学級通信の作成

　学級開きの際には学級便りを作っておきます。ここに，自分の方針や自己紹介を書き，何を話すのかを端的にまとめておきます。視覚で訴える資料を用意することで，ただ話を聞くだけの１時間とは違ってきます。先ほども述べたように，私は人見知りの上，生徒とは関係が築かれていないと緊張してしまいます。だから私は学級通信で自分を表現しています。

　そして学級通信を見ながら自己紹介を始めます。ですが，笑顔を忘れてはいけません。生徒に安心のイメージをもってもらいます。

自分の写真	井口真紀です。出身は… 好きな食べ物は○○，好きな芸能人は○×△， 得意な科目：英語　　　　　　　　　　などなど ＊自分の心をオープンにしないと，生徒も心を開けません。

　次に，どんなクラスにしたいかを話します。先ほど述べたような，イメージを説明します。その後に，私からのお願いを話します。先ほどはどんなクラスにしたいか理想像であったのに対し，これができないと，さっきのクラスはつくれない，とでもいうべきものです。ここで教師の本気を伝えます。

・挨拶を自分からする。
・話をする人の方を向いて話を聞く。
・時と場に応じた言葉遣いをする。
・相手が喜ぶ行動，言葉を考えて行動する。
・卑怯な行動は許さない。
　（低学年をいじめる，大勢で一人をいじめる，陰でこそこそいじめるなど）

　このような簡単だと思うこと，当たり前のことから始めます。小学生ではできていたけど，中学生になると…という話を聞きます。当たり前のこと，凡事徹底を日常生活から注意していかなければ，将来につながりません。

これを話しながら，よくできていることはほめます。例えば，話をする人の方を向いて話を聞く，ということはすぐにほめることができるし，行動をほめることで皆がそれを真似するので，全体をほめることにもつながります。

> （窓側や廊下側の端に位置する生徒を見て）「〇〇さんは素晴らしいですね。今，私が話をした，話をしている人の方を向く，体をこちらに向けて話を聞いていますね」

　そうすると，その他の生徒も真似して体をこちらに向けてくれます。そうすると，次に全体をほめるきっかけにつながります。

> 「素晴らしいですね。みんなが姿勢をよくして体と視線をこちらに向けて話を聞いてくれています。これはよいクラスになる予感がしてきます」

　大切なのは，「できない時はその場でやり直しをさせます」と私はいつも宣言します。自分もしっかりと言ったことは守ろうと，どんなに時間がかかっても譲れないことに対しては妥協しません。そして質問を設けます。
　それと学級通信では，保護者の皆様へということで一言書きます。いつも書くのは，

> 「学年・学級通信では，生徒のよい所を書きます。ぜひ，いい意味で捉えて読んでください」

と一文書いておきます。これで保護者から学級通信の内容で何か問い合わせがあることは少なくなります。
　ここまで約20分要します。一人一人の顔を見ながら，目を合わせながら話をしていきます。
　以下は，実際に私が学級開きで話した内容です。生徒も同じプリントを持ち，それを見ながら聞いてくれました。このクラスは3年間クラス替えなしの担任も持ち上がりというクラスだったので，私との結びつきも強く，文章が少しくだけた表現になっていますが，お許しください。

今年の目標

今年もあります！！私が目指すクラス！！！今年はですねぇ…

ズバリ！「**一人ひとりが自分の力で輝く**」クラスです。

太陽と月って知っていますか？月は太陽の輝きがあるから，光っているのです。太陽がないと，輝くことができません。でも，☆は違います。自分の力で，輝いています。今年は，自分の力で自分の道を切り開いていくことを求められます。一人一人が自分の夢に向かって行く姿をみたいです。きっとそんな姿は，夜空を見上げると光っている星のように，キラキラ輝いていると思いますよ☆

では，これを実現するために，みんなに求めること

◎お互いに認め合う

まずは，①自分にOKサインを！I'm OK.
そしたら，②相手を！You're OK.
最後に　③クラス全体！We're OK.　　　このステップで行きましょう♪

◎語り合えるクラス

みんなは自分の意見をしっかりもてるようになりました。ですが，まだ人の意見に流されたり，本当の自分の意見を出せていない人もいるはず。クラスは，みんなが同じ大きさでなければ，居心地のよいクラスとは言えません。そして自分の力では光輝いて…ないですよね？今年はそれを，レベルアップして，語り合えるようになれるといいです。意見を聞いて，受け入れて，また意見を返す。社会に出てもきっと求められる能力です。

去年のお願いに+α

では，去年のお願いを改訂して，みんなに協力を求めます。
①自分から挨拶をする。
①自分の周囲の人間に感謝をする。
①自分に自信をもつ。
①時間を守る。（提出期限も含む）

たったの四つです（笑）。でも，この四つを守るだけでも，クラスの雰囲気が違ってくると思いますよ。心がけてください。私も守ります。

(2) **教科書への記名**

　中学校では初日に教科書の配布があります。私はこの時間に記名をさせます。その理由は，持ち帰ると家の人に記名してもらう生徒がいるからです。自分が使う教科書への記名は自分でさせ，自立を促したいという理由です。それを踏まえて，学級費でネームペンを人数分購入しておきます。

　まず，教科書の確認を1冊ずつします。自分だけでなく，隣同士で確認させあうのもいいと思います。自分への興味関心から，他者への興味関心に移り，ここから人間関係が広がり，「気付き」へのきっかけになります。それが学級づくりにとって欠かせなくなってくるポイントになってきます。

> これから教科書に名前を書いてもらいます。楷書で皆が読める文字で丁寧に書いてください。

　準備のよい生徒は筆記用具を持っていますが，持っていない生徒も半分くらいいます。大抵，一番初めに借りに来る生徒は礼儀正しくハキハキとしています。

> 今の○○さんのように，「忘れたのでネームペンを貸してください」と忘れた人はきちんとお願いしに来てくださいね。それにしても今の借り方は非常に丁寧でよかったですね。

　その生徒をほめて，こういうふうに借りに来るのだ，ということを例として示します。中には自分で言いに来ることができない生徒もいるので，必ず机間巡視をしています。たまにネームペンでなく，鉛筆や水性のペンなどで書く生徒もいるので，必ず消えないネームペンで書かせます。

　ここで記名をさせていると，机上が乱れてくる生徒がいます。

> 書く手を止めて話を聞いてください。
> 記名し終わった教科書から，机の右端に積み重ねてください。

と指示を出します。これで，誰がどのくらい終わっているのか机上を見てわ

かるようにします。終わった生徒は落丁がないか再度確認をさせて、皆が揃うまで待たせます。ここで約15分かかります。

(3) **配布物の確認**

　あとの15分は、配布物の確認です。封筒を個人別に用意しておきます。初日は保健関係や、個人情報にかかわるプリントが多いです。提出もしやすいように、何が入っていて、いつまでに提出しなければならないのかを封筒に印刷しておけると丁寧です。養護教諭の先生や、教務主任の先生等に確認をしておくといいのかもしれません。

　新入生であれば、終学活がありませんので、この時間で終わりになります。また、在校生も終学活の10分では配布物の確認まで時間がとれません。私はいつもここで確認をしています。個人別の封筒の中身は個人情報が入っているので取り扱いに注意が必要なことを話します。何をいつまでに提出するのかをチェックします。学級通信等で、今週の予定を教師があらかじめ書いてある方がいいと思います。そこで明日からの学活の予定や、今週の予定を話して、最初の1時間が終わります。

3　指導のポイント　成功のために絶対に外してはいけないこと

(1) **教室に一歩入った時から学級開きは始まっている**

　私は毎日黒板にメッセージを書きます。クラスへ入った初日には、①ようこその挨拶、②どこに着席をしたらよいのかの指示を書いておきます。

　① **ようこそメッセージ**

　新入生であれば、入学式準備の際に上級生が黒板にメッセージを書いてくれる学校もあると思います。イラストなどは生徒に任せ、そこに一言担任から気持ちを伝える文を添えます。在校生であれば、イラストはお任せしますが、私はいつも「出会えてうれしい」という内容のメッセージを書き、雰囲気づくりをします。教師から結びつきをつくるために、『Ｉメッセージ』で

素直な気持ちを伝えます。これも，人見知りをする私ならではの表現の仕方だと思います。

口頭だと話がまとまらず，緊張で言い忘れることもあります。自分の気持ちを伝えるのに，紙を見て言うようでは伝わりません。事前に黒板に書くことで，表現がスッキリとし，素直に気持ちを表現できると思うのです。また黒板に書いておく方が，個人のペースで，落ち着いた気持ちで読むことができるので，より心に届くと思います。

② どこに着席したらよいか

クラス替えや，新入生であればもちろん，自分の座席やロッカーもわからないと思いますので，事前に机・椅子・ロッカーには個人の名前を貼っておきます。また，座席を拡大印刷したものを黒板に貼っておき（座席表の拡大で構いません），指示を黒板に書いておきます。

(2) 行動をほめる

新入生であれば入学式をほめ，在校生は入学式の準備活動をほめなければならないことです。具体的な行動をほめることで，よい行いを進んでやれる生徒をつくっていくことが目的です。そして，「先生はきちんと自分たちのことを見ていてくれるのだ」という印象をもってもらえます。この学級開き1時間を説明していく中でもほめるべき行動はたくさんあるはずです。

自分の願いの中に当てはまっているものがあればもちろん，当たり前のことをほめます。「○○さん，きちんとプリントを持って話を聞いていますね」と言うと，他の生徒も机の上に置いてあるプリントを手で持ち，見てくれます。これは，授業開きや音読の時でも同じことが言えます。たくさんほめて教師が望む行動をしている生徒を見逃さないことです。きちんと教師の指示に従う生徒をほめて，味方につけないと，これからの1年間，自分が苦しい時に生徒は助けてくれません。

(3) **指示は端的にかつ明確に**

　小学校に研修に行くと，先生の指示が端的でわかりやすいです。「静かにしなさい」と言っても声が小さくなるだけで，話が止むかどうかはわかりません。それより，「口を閉じなさい」と指示を出した方が，行動に働きかけるので，自然に口が閉じ，話が止みます。また，教師の声を小さくすると，それを一生懸命に聞こうと，生徒は耳をすまします。これは学級開き1日に限ったことではありませんが，最初の1時間を有意義に使うためには，教師が指示をどんなふうに出したら生徒は理解して動いてくれるのかを想定し，考えておくのもいいかもしれません。

(4) **最後に**

　学級開きの初日に1年間を見通すことはとても大変だと思います。ですが，自分の理想のクラス像，これをしっかりと伝え，生徒が安心して学校に来ることができる環境をつくることが大切なことです。私もまだまだ苦手な部分がたくさんあります。でも先輩教師に聞き，見習ったり相談したりしながら，周りのクラスと足並みを揃えながらやってきました。これからもいろいろな先生の刺激を受けて，よりよい学級づくりに励んでいこうと思っています。

（井口　真紀）

あとがき

　学級開きが終わってから本文を読まれている方にお聞きします，「学級開きうまくいきましたか」。また，これからの方（ひょっとして明日ですか，今日，これからですか）にお聞きします，「『学級開き』で，これだけは伝えたいものはありますか」。

　「うまくいかなかったなあ」という方へ。
　それほど悲観することはありません。学級開きというルーチンワークのために，わざわざ本書を購入し一定時間頭を悩ませたあなたは，学級づくりに関心がある教師です。最も大事なことは，学級開きに成功することではなく（もちろん，成功するに越したことはありませんが），

> 学級づくりに関心を向け続けること

です。米作りの農家の方がよく言います。「田んぼを何度訪れたか」がよい米作りの条件だと。「作物は，育てる者の足音を聞いて育つ」とはよく聞く話です。もちろん，足音だけで作物が育つとは言えないでしょう。様子を見に行くことで，日々メンテナンスがなされるからだと解釈しています。
　学級づくりも，関心をもち続け，その発展のためにコストをかけることが大事なのです。授業が始まると授業そのものの出来，テストの成績，進度などが気になってきて，教師の多くの関心が学習活動に注がれます。しかし，授業ばかりに気を取られ，それを支えている集団の在り方に関心を向けず，その維持や発展に対して無頓着だと授業を支える集団が壊れて，授業そのものが成り立たなくなってくるのです。
　学級づくりに成功する教師は，授業の質を上げることにコストをかけながらも，それを支える集団の在り方の質を上げることにもきちんとコストをかけています。だから，授業もうまくいくのです。
　「学級開き」がうまくいかなった，その思いは，ひょっとしたら1年後に

あなたに大きな充実感をもたらす根源になっているかもしれません。スタートがうまくいかなかったとしたら、それからの日々を集団づくりにきちんとコストをかければいいのです。スタートにつまずいた不全感は、あなたのこれからの集団づくりのモチベーションを上げてくれるかもしれません。

また、これから「学級開き」を迎える方へ。

準備はよろしいですか。よかったら、一旦、シナリオをすべて棚上げしてください。シナリオ通りやる必要はありません。シナリオは子どもたちに、スムーズな学級生活のスタートを迎えさせる道具に過ぎません。

確認してください。

そのシナリオを通して、伝えたいものはなんですか

シナリオを通そうとすると子どもたちが見えなくなります。シナリオ通り進めることが「学級開き」の成功を意味することではありません。本書の執筆者たちが、繰り返し、そして言い方を変えて伝えていることが「安心感をもたせること」です。安心感が、やる気の源だからです。集団づくりの最も大きなパーツは、意欲の喚起です。学習効果、教育効果は、そこに向かう子どもたちの意欲の大きさで決まります。本書をきっかけにして、瑞々しい意欲溢れる素敵な学校生活を子どもたちに演出していただければ、これほどうれしいことはありません。

なお、本書は、多忙な中、珠玉の実践を寄せてくれた16人の執筆者がいたからこそみなさんのお手元に届けることができました。執筆者のみなさんに感謝申し上げます。また、この企画の仕掛け人である明治図書の及川誠さんには膨大な原稿の整理から、細かなレイアウトまで超人的な作業をこなしていただきました。心より感謝申し上げます。

赤坂　真二

【執筆者一覧】（掲載順）

赤坂　真二	上越教育大学准教授
近藤　佳織	新潟県魚沼市立広神西小学校
宇野　弘恵	北海道旭川市立愛宕東小学校
髙橋　健一	新潟県妙高市立妙高高原北小学校
林　紀予子	富山県高岡市立牧野小学校
南　惠介	岡山県赤磐市立軽部小学校
岡田　広示	兵庫県佐用町立佐用小学校
阿部　琢郎	新潟県上越市立春日新田小学校
堀内　拓志	三重県四日市市立笹川西小学校
松尾　英明	千葉県木更津市立畑沢小学校
松下　崇	神奈川県横浜市立川井小学校
大島　崇行	上越教育大学教職大学院
畠山　明大	新潟県加茂市立石川小学校
久下　亘	群馬県高崎市立榛名中学校
海見　純	富山県滑川市立早月中学校
岡田　敏哉	新潟県上越市立城北中学校
井口　真紀	新潟県小千谷市立南中学校

【編著者紹介】

赤坂　真二（あかさか　しんじ）
1965年新潟県生まれ。上越教育大学教職大学院准教授。学校心理士。19年間の小学校勤務では，アドラー心理学的アプローチの学級経営に取り組み，子どものやる気と自信を高める学級づくりについて実証的な研究を進めてきた。2008年4月から，より多くの子どもたちがやる気と元気を持てるようにと，情熱と意欲あふれる教員を育てるため現職に就任する。

【著　書】
『担任がしなければならない学級づくりの仕事12か月　小学校高学年』（明治図書，2010）
『スペシャリスト直伝！　学級づくり成功の極意』（明治図書，2011）
『スペシャリスト直伝！　学級を最高のチームにする極意』（明治図書，2013）
『THE　協同学習』（明治図書，2014）
『THE　チームビルディング』（明治図書，2014）
他多数

学級を最高のチームにする極意シリーズ
一人残らず笑顔にする学級開き
小学校〜中学校の完全シナリオ

2015年2月初版第1刷刊	ⓒ編著者	赤　　坂　　真　　二
2018年1月初版第4刷刊	発行者	藤　原　久　雄
	発行所	明治図書出版株式会社

http://www.meijitosho.co.jp
（企画）及川　誠（校正）関沼幸枝
〒114-0023　東京都北区滝野川7-46-1
振替00160-5-151318　電話03(5907)6704
ご注文窓口　電話03(5907)6668

＊検印省略　　組版所　長　野　印　刷　商　工　株　式　会　社
本書の無断コピーは，著作権・出版権にふれます。ご注意ください。

Printed in Japan　　ISBN978-4-18-185215-3

人気シリーズ、続々刊行！

「スペシャリスト直伝！」シリーズ

スペシャリスト直伝！ 小学校 クラスづくりの核になる 学級通信の極意

西村健吾 著　図書番号1348
A5判・148頁
本体 1,800円＋税

豆腐のように「①マメで②四角く〈鋭く〉③やわらかく④面白く」をモットーに「豆腐屋教師」と呼ばれる活躍する著者が、子どもや保護者との信頼をつなぐ、学級づくりの核になる学級通信の極意を伝授。学級通信で仕掛ける「学級づくり12か月」を、実物例とともに紹介します。

スペシャリスト直伝！ 学級づくり "仕掛け"の極意　成功に導くキラー視点48

福山憲市 著　図書番号1349
A5判・152頁
本体 1,560円＋税

学級づくりにはおさえておきたい「キラー視点」がある！著者が長年取り組んできた学級づくりのポイントを大公開。「いいものマネ」「ザ・チャイルド」「ミス蜂発想」などの"仕掛け"で子どもも達もがぐんぐん伸びる！学級づくりが"一味変わる"視点が満載の1冊です。

「THE 教師力」シリーズ

THE 学級開き
堀 裕嗣 編
「THE教師力」編集委員会 著
図書番号 2971　72頁　本体 960円＋税

16人の人気教師が語る「学級開き」のポイントとは？716人の人気教師が、「学級開き」のポイントをまとめた必携の1冊！【執筆者】堀裕嗣／宇野弘恵／桔梗友行／金大竜／佐々木潤／白井敬／中條佳記／坂内智之／福山憲市／藤原なつ美／古田直之／山田洋一／渡邉尚久／伊藤慶孝／門島伸佳／堀川真理／渡部陽介

THE 授業開き ～国語編～
堀 裕嗣 編
「THE教師力」編集委員会 著
図書番号 2972　72頁　本体 960円＋税

16人の実力派教師の国語の授業開きとは？716人の実力派教師が国語の授業開きのポイントを大公開の必携の1冊！【執筆者】堀裕嗣／近藤佳織／鶴巻百合子／中條佳記／中村健一／楠本輝之／白井敬／山田将由／大島崇行／水戸ちひろ／中村健一／岡田広示／高橋和實／山本純人／平山雅一／合田淳郎

THE 学級経営
堀 裕嗣 編
「THE教師力」編集委員会 著
図書番号 1974　72頁　本体 960円＋税

学校現場で活躍する16人の人気教師が、「学級経営」のポイントをまとめた必携の1冊！【執筆者】堀裕嗣／赤坂真二／飯村友和／石川晋／糸井登／大野睦仁／門島伸佳／金大竜／多賀一郎／中村健一／福山憲市／古田直之／堀川真理／山田将由／山田洋一／渡邉尚久

THE 学級通信
堀 裕嗣 編
「THE教師力」編集委員会 著
図書番号 0974　80頁　本体 960円＋税

学校現場で活躍する人気教師が、自らの「学級通信」のねらいや作り方・ポイントについて学級通信の実物を入れながら解説した必携の1冊！【執筆者】堀裕嗣／多賀一郎／南山潤司／鍛冶裕之／宇野弘恵／藤原なつ美／氏家拓也／石川晋／海見純／山下隼／合田淳郎

THE 新採用教員 ～小学校教師編～
山田洋一 編
「THE教師力」編集委員会 著
図書番号 1975　72頁　本体 960円＋税

初任者として初めて臨む学校現場で、どのように取り組むか。そのポイントについて、初任者＆ベテランの現場教師16人が、実体験をまじえてまとめました。新採用としてぶつかった壁や、それを乗り越えたか。悩みの解決の方法など、役立つ情報が満載の1冊です。

THE 新採用教員 ～中学・高校教師編～
堀 裕嗣 編
「THE教師力」編集委員会 著
図書番号 1976　72頁　本体 960円＋税

初任者として初めて臨む学校現場で、どのように取り組むか。そのポイントについて、初任者＆ベテランの現場教師16人が、実体験をまじえてまとめました。新採用としてぶつかった壁や、それを乗り越えたか。成功した取り組みなど、役立つ情報が満載の1冊です。

THE 校内研修
石川 晋 編
「THE教師力」編集委員会 著
図書番号 1971　80頁　本体 960円＋税

全国各地の学校現場で活躍する12人の人気教師が、「校内研修」の取り組みとそのポイントをまとめた、校内研修の最前線！【執筆者】石川　晋／堀裕嗣／藤倉　稔／阿部隆幸／山寺　潤／吉賀郁子／松原宏樹／大木　馨／蔵満逸司／渋谷　渉／大野睦仁／藤原由香里

THE 教室環境
石川 晋 編
「THE教師力」編集委員会 著
図書番号 2973　80頁　本体 960円＋税

「教室環境」の取り組みを12人の教師がまとめた必携の1冊！【執筆者】石川　晋／中島生枝／太田充紀／鎌北淳子／鈴木倭太／高橋正一／大野睦仁／田中智行／中田博司／広木敬子／富田明広／伊垣尚人／塚田直樹／平山雅一／山崎由紀子／小川拓海／野呂篤志／郡司竜平

明治図書　携帯・スマートフォンからは　明治図書ONLINE へ　書籍の検索、注文ができます。▶▶▶

http://www.meijitosho.co.jp　＊併記4桁の図書番号（英数字）でHP、携帯での検索・注文が簡単に行えます。

〒114-0023　東京都北区滝野川7-46-1　ご注文窓口　TEL 03-5907-6668　FAX 050-3156-2790